U0572965

权威·前沿·原创

皮书系列为

"十二五""十三五""十四五"时期国家重点出版物出版专项规划项目

GREEN BOOK

智 库 成 果 出 版 与 传 播 平 台

农村生活条件绿皮书

GREEN BOOK OF RURAL LIVING CONDITIONS

中国农村生活条件研究报告
（2024）

CHINA RURAL LIVING CONDITIONS RESEARCH

REPORT (2024)

组织编写／中国农业科学院
农村基本具备现代生活条件制约因素破解研究重大科技任务课题组

主　　编／胡向东　陈　静　韦文珊

社会科学文献出版社
SOCIAL SCIENCES ACADEMIC PRESS (CHINA)

图书在版编目（CIP）数据

中国农村生活条件研究报告 . 2024 / 胡向东，陈静，
韦文珊主编 . --北京：社会科学文献出版社，2025. 8.
（农村生活条件绿皮书）. --ISBN 978-7-5228-4951-5

Ⅰ. F320. 3

中国国家版本馆 CIP 数据核字第 2025GH2506 号

农村生活条件绿皮书
中国农村生活条件研究报告（2024）

主　　编／胡向东　陈　静　韦文珊

出 版 人／冀祥德
责任编辑／王　展
责任印制／岳　阳

出　　版／社会科学文献出版社·皮书分社 （010）59367127
　　　　　地址：北京市北三环中路甲 29 号院华龙大厦　邮编：100029
　　　　　网址：www. ssap. com. cn
发　　行／社会科学文献出版社 （010）59367028
印　　装／三河市东方印刷有限公司

规　　格／开　本：787mm×1092mm　1/16
　　　　　印　张：16.25　字　数：213 千字
版　　次／2025 年 8 月第 1 版　2025 年 8 月第 1 次印刷
书　　号／ISBN 978-7-5228-4951-5
定　　价／158.00 元

读者服务电话：4008918866

指导专家组

组　　长　张合成

指导专家　吴远彬　杜志雄　姜长云　仝志辉　陈秧分
　　　　　张　弘

编　委　会

主　　编　胡向东　陈　静　韦文珊

副 主 编　吴永常　张鸣鸣　赵一夫　耿　兵　韩晓静

编 写 组　（按姓氏笔画排名）
　　　　　王惠乔　韦文珊　朱　宁　朱　洁　刘丽媛
　　　　　刘建艺　严　冬　杨理珍　吴永常　何龙娟
　　　　　张　琳　张鸣鸣　张崇尚　陈　静　周向阳
　　　　　赵一夫　钟　滨　耿　兵　高　艺　常　明
　　　　　韩晓静　蔡孟玉

前　言

　　逐步使农村基本具备现代生活条件是顺应广大农民对美好生活的向往，有力有效推进乡村全面振兴，推进中国式现代化建设的时代要求。党的二十大报告首次提出到 2035 年农村基本具备现代生活条件，《乡村全面振兴规划（2024—2027 年）》进一步强调了这一战略目标。习近平总书记在 2022 年 12 月召开的中央农村工作会议上强调，要瞄准"农村基本具备现代生活条件"的目标，组织实施好乡村建设行动，特别是要加快养老、教育、医疗等方面的公共服务设施建设，提高乡村基础设施完备度、公共服务便利度、生活环境舒适度，让农民就地过上现代文明生活。全面建设社会主义现代化国家，最艰巨最繁重的任务仍然在农村。到 2035 年我国仍将有约 3.5 亿人口生活在广袤的农村地区，让农村基本具备现代生活条件、让农民就地过上现代文明生活，是中国式现代化不可或缺的核心内容，是基本实现社会主义现代化的标志性成果和底线目标。

　　经过多年建设，我国农村生活条件得到普遍提高。基础设施稳步提升，全国乡镇和建制村全部通硬化路、通客车、通邮路。农村自来水普及率达到 90%，农村供电可靠率超过 99%，农村光纤宽带网络和移动基站实现行政村全覆盖。公共服务不断完善，95% 以上的行政村实现医保定点卫生室覆盖，农村义务教育阶段本科以上学历专任教师比例达到 76%。人居环境持续改善，全国农村卫生厕所普及率达到 76%，生活垃圾得到收运处理的行政村比例稳定在 90% 以上。但是总体来说，大部分村庄离基本具备现代生活条件目标仍有不少差距，补齐农村现代生活条件短板是广大农民的殷切期盼，是推进共同富裕的基础性工程。农村基本具备现代生活条件的概念内涵是什么，符合中国特点的农村基本具备现代生活条件评价标准是什么，我国农村基本具备现代生活条件现状如何，这些问题都还没有得到很好的回答。因此深入剖析农村基本具备现代生活条件的理论内涵，构建农村基本具备现代生活条件评价指标体系，提出每个指标的基本具备目标值，客观评价我国农村基本具备现代生活条件现状水平，筛选全国有借鉴意义的典型案例，可以为社会各界更好地理解农村基本具备现代生活条件和各地针对性地制定推进政策提供参考，对于助力如期实现农村基本具备现代生活条件目标具有重要的现实意义。

在此背景下，中国农业科学院启动重大科技任务"农村基本具备现代生活条件制约因素破解研究"（CAAS-ZDRW202421），由中国农业科学院农业经济与发展研究所牵头，与中国农业科学院农业环境与可持续发展研究所和农业农村部成都沼气科学研究所组成课题组，围绕农村基本具备现代生活条件的理论内涵与制约因素，农村基本具备现代生活条件的投入保障及参与式规划，农村基本具备现代基础设施条件、公共服务条件和人居环境条件标准、技术集成与示范开展任务攻关，在有关专家的指导下，结合课题研究成果撰写本报告。

本报告在编写过程中，得到了农业农村部乡村建设促进司、发展规划司等有关部门和单位的大力支持。调研过程中得到了北京、江苏、河南、江西、安徽、四川、黑龙江等地方政府的大力支持。社会科学文献出版社对本书的出版给予了大力协助，他们为本书的编写、修改和审定提供了多种帮助，为本书的撰写、成稿创造了良好条件。在此，谨向为本书编辑出版工作付出心血和提供支持帮助的所有单位和个人致以衷心感谢！

希望本书能够为推动我国农村基本具备现代生活条件、助力中国式现代化提供有益参考和借鉴，能为每一位参与宜居宜业和美乡村建设的干部群众提供一些帮助和启迪。

由于时间和编者水平有限，书中的错误和缺点在所难免，敬请广大读者批评指正。

本书编委会

2024 年 12 月 20 日

摘　要

改善农村生活条件，推动农村基本具备现代生活条件，是全面推进乡村振兴、建设宜居宜业和美乡村的核心任务。党的二十大报告强调，要组织实施好乡村建设行动，特别是要加快养老、教育、医疗等方面的公共服务设施建设，提高农村基础设施完备度、公共服务便利度、人居环境舒适度，让农民就地过上现代文明生活。

为科学评估中国农村现代生活条件的发展现状与趋势，"中国农村生活条件研究报告"课题组在深入研究相关理论和政策背景的基础上，首次系统阐释了"农村基本具备现代生活条件"的内涵要义，并创新性地构建了包含基础设施完备度、公共服务便利度、人居环境舒适度和居民生活文明富足（"三度一足"）四个维度的综合评价指标体系。指标体系涵盖4个一级指标、17个二级指标、20个三级指标。课题组基于2023年省级数据，对全国31个省（自治区、直辖市）的农村现代生活条件及其四个维度的发展水平做出了评价。

报告瞄准"2035年农村基本具备现代生活条件"的目标，深入分析了当前农村生活条件建设面临的主要挑战，并提出了系统性对策建议。此外，报告还深入剖析了涵盖基础设施提档升级（江苏昆山千灯镇"后配套"工程）、人居环境整治（河南商水"农气循环"、四川丹棱垃圾治理、安徽铜陵"厕污共治"）、养老模式创新（北京平谷互助养老）、产业融合发展（黑龙江密山乡村旅游、江西黎川

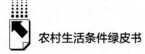

"多规合一")等领域的七个典型案例，为各地提供可借鉴、可推广的实践经验。

　　关键词： 农村现代生活条件　农村基础设施　农村公共服务　农村人居环境　"三度一足"　乡村振兴

目 录 ⏎

I 总报告

II 测度篇

Ⅲ 案例篇

皮书数据库阅读**使用指南**

总报告

G.1

中国农村基本具备现代生活条件的
内涵要义、做法成效与对策建议

"农村基本具备现代生活条件制约因素破解研究"课题组*

摘 要： 本报告深入分析了中国农村生活条件相关理论和政策背

---

* "农村基本具备现代生活条件制约因素破解研究"课题组成员：陈静，中国农业
科学院农业经济与发展研究所研究员，主要研究方向为乡村规划与建设、乡村发
展；韦文珊，中国农业科学院农业经济与发展研究所副研究员，主要研究方向为
农业区域发展和乡村规划；吴永常，中国农业科学院农业经济与发展研究所研究
员，主要研究方向为乡村空间规划和农村信息化工程；杨理珍，农业农村部成都
沼气科学研究所博士后，主要研究方向为农村与区域发展；张鸣鸣，农业农村部
成都沼气科学研究所研究员，主要研究方向为农村公共产品理论；朱宁，中国农
业科学院农业经济与发展研究所副研究员，主要研究方向为农业经济管理；赵一
夫，中国农业科学院农业经济与发展研究所研究员，主要研究方向为乡村治理；
耿兵，中国农业科学院农业环境与可持续发展研究所研究员，主要研究方向为农
村人居环境；韩晓静，中国农业科学院农业经济与发展研究所副研究员，主要研
究方向为农业遥感与乡村规划；张琳，中国农业科学院农业经济与发展研究所副
研究员，主要研究方向为农业经济管理。

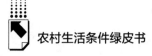

景，明确了农村基本具备现代生活条件的内涵要义，并从农村基础设施完备度、公共服务便利度、人居环境舒适度和居民生活文明富足四个维度进行了理论架构。报告指出，近年来农村生活条件在多个方面取得了显著改善，但仍面临发展不平衡不充分、资金缺口大、人才短缺、标准规范支撑不足等挑战。报告建议，应通过制定标准规范、强化顶层设计、推动城乡融合、加强任务统筹、健全示范机制、鼓励多方参与等路径，推动农村生活条件的持续改善和城乡融合发展。

关键词： 农村 "三农"问题 现代生活条件 乡村振兴

党的二十大报告明确提出到 2035 年农村基本具备现代生活条件。习近平总书记在 2022 年 12 月召开的中央农村工作会议上强调，要瞄准"农村基本具备现代生活条件"的目标，组织实施好乡村建设行动，特别是要加快养老、教育、医疗等方面的公共服务设施建设，提高乡村基础设施完备度、公共服务便利度、生活环境舒适度，让农民就地过上现代文明生活。在全面实现小康社会的基础上，遵循中央提出的总体框架和综合目标，总报告聚焦农村公共生活条件供给和农村居民文明生活水平，围绕农村基本具备现代生活条件的内涵要义、主要做法与成效、问题与挑战及对策建议展开分析。

一　内涵要义

（一）农村基本具备现代生活条件

1.农村生活条件

"农村"为城市建成区以外的所有区域，与"乡村"没有本质区别。结合《乡村振兴促进法》对乡村的概念界定，本报告将"农村"界定为"城市建成区以外具有自然、社会、经济特征和生产、生活、生态、文化等多重功能的地域综合体"。生活条件是一个广泛的综合性概念，指的是人们赖以生存和发展的客观基础环境或条件，包括满足人们基本生存、精神文化生活、社会交往等多方面需求和体验的各种物质条件、环境因素及其相关社会服务条件的综合。在建设内容上，农村生活条件涵盖了乡村建设中基础设施、公共服务和人居环境三个方面的内容。

2. 农村基本具备现代生活条件

"现代生活条件"是指符合现代时代特征的生活条件，具有动态性。从空间公平性的核心思想来看，农村生活条件要力争与城市生活条件实现等值化。"基本具备现代生活条件"是程度概念，表示最基本的生活条件齐备且都基本达到了现代水平，分为三个层次：首先，它意味着最基本的生活条件已达到现代标准；其次，这些现代标准的界定并非固定值，而是一个灵活区间；最后，从全国范围考虑，大部分地区应满足此标准，同时应允许极少数偏远地区农村等暂未达到这一水平。

本报告定义"农村基本具备现代生活条件"为：对标基本实现中国式现代化的阶段性要求，以城市建成区外农村居民为核心，其基础设施、公共服务及人居环境条件供给基本达到现代标准，具体表现为基础设施完备、公共服务便利、人居环境舒适，满足农村居民就地过上现代文明富足生活的需求，基本实现城乡生活等值化。

3. 理论架构与内在逻辑

根据国家提出的农村基本具备现代生活条件的基本框架和综合目标，即"提高乡村基础设施完备度、公共服务便利度、生活环境舒适度，让农民就地过上现代文明生活"，本报告提出"三度一足"的农村现代生活条件理论框架，即农村基础设施完备（度）、公共服务便利（度）、人居环境舒适（度）和农村居民生活文明富足。

"三度一足"是一个"3+1"的逻辑框架，其中基础设施、公共服务、人居环境是农村生活条件的三大要素，是提升农村生活质量的外在于人的资源、环境和社会条件。"三度"针对三个要素维度的供给状况和供给质量进行衡量，三者之间蕴含着紧密的逻辑关系，它们相互支撑、相互促进，共同构成了农村基本具备现代生活条件的重要支柱。基础设施完备是农村生活条件的设施支撑，公共服务便利是服务保障，人居环境舒适则是环境条件。农村居民生活文明富足，是农村基本具备现代生活条件建设的目标，是从生活条件主体角度出发对"三度"发展水平的综合反馈。"一足"对于农村基本具备现代生活条件来说既是前提条件又是最终目标，"一足"的加入将农村基本具备现代生活条件从"平面图形"变成了"立体空间"，"3+1"维度共同构成一个有机整体，推动农村现代化建设不断向前发展（见图1）。

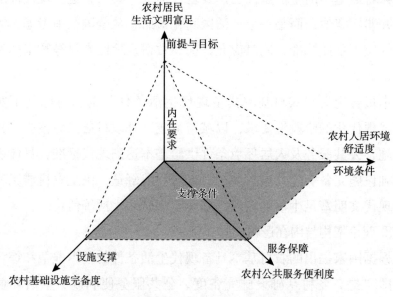

图1　农村基本具备现代生活条件理论框架

基础设施完备是农村基本具备现代生活条件的设施支撑。农村基础设施完备度，指的是农村道路、供水、供电、通信、网络等基础设施的完善程度。这些设施是农村经济社会发展的基础，也是农民生活品质提升的重要保障。完备的基础设施，为农民提供了便捷的出行条件、稳定的能源供应和高效的信息交流渠道，提高了农村生产效率，降低了生活成本，使农民享受到和城市居民相当的便利条件。

公共服务便利是农村基本具备现代生活条件的服务保障。公共服务便利度，包括教育、医疗、文化、体育等公共服务资源的覆盖范围和服务质量，直接关系到农民的民生福祉和幸福感。便利的公共服务，能够满足农民多样化的需求，提高农民的生活质量，是农村现代生活条件不可或缺的重要组成部分。

人居环境舒适是农村基本具备现代生活条件的环境条件。人居环境舒适度，涵盖了农村住房条件、村容村貌、环境条件等多个方面。舒适宜居的乡村环境是农村现代化条件的最直观体现，舒适的人居环境能够提升农民的居住体验和精神面貌，促进农民身心健康、社会和谐稳定，直接关系到农民的生活质量。

生活文明富足既是农村基本具备现代生活条件的前提又是最终目标。达到农村生活文明富足目标的前提条件是农村保持一定规模的常住人口数量，并且大多数农村居民实现就地就近就业。人是农村经济和社会发展的核心要素，只有拥有充足的人力资源才能够支撑农村产业的多元化发展和社会保障服务，也才有足够的人力资源来参与和维护农村建设，创造更好的农村生活环境。农村吸引力增强，减少农村劳动力的外流，减轻城市的人口压力，有利于保持农村社会的稳定，促进城乡融合发展。而让广大农村居民就地过上文明生活，体现了以人民为中心的发展思想，是我国农村现代化建设的内在要求，也是农村基本具备现代生活条件的最终目标。

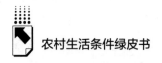

（二）农村基础设施完备

农村基础设施，广义上涵盖农村生产生活的所有公共或公益性硬件设施设备；狭义上特指与农民生活密切相关的农村水电气路网，常用于实证研究。它是农村发展的基础条件，应与农村的经济社会发展需求相协调。

农村基础设施完备具有时代性特征，指设施既全面又先进：在量上，我国已经建立农村基础设施体系，能基本保障农村生产生活，当前主要任务转为补短板；在质上，农村基础设施要与农业农村现代化的要求相匹配，具备较高的数字化水平和科技含量，提升农民生活便利性。本报告定义农村基础设施完备为：与构建新型城乡关系、实现城乡融合发展相衔接，与农业农村现代化相协调，与农民日渐丰富的物质文化需要相匹配，能促进"农村基本具备现代生活条件"目标实现的，政府或公共组织为农村产业发展和农民生活水平提升提供的各种设施设备，在量上齐全、完整，不缺必要的部分，在质上尽可能达到现代化水平。农村基础设施的组成部分划分见表1。

表 1　农村基础设施组成部分

序号	组成类别	建设内容
1	交通基础设施	包括农村公路、桥梁等设施及其配套设施,用于促进农村地区与城市及其他地区之间的物资、人员的流通
2	供水设施	包括饮用水供应系统,用于保障农村生活用水
3	现代能源设施	包括农村电力设施及农村燃气设施,用于支持农村地区炊事、清洁、取暖等日常生活
4	网络基础设施	包括农村地区光纤网络、移动宽带网络、电话、广播电视和农业专用网络等方面的设施,服务于信息传递
5	农村物流设施	包括仓库和配送中心、保鲜冷链设施等,服务于物资传递

（三）农村公共服务便利

农村公共服务便利是指在新时代背景下，农村居民能够以较低的成本和较少的时间获取优质的教育、医疗和养老等基本公共服务，为他们的全面社会参与提供坚实的基础和便利。这一指标既是衡量农村地区公共服务供给能力和质量的一个重要指标，也直接关系到农村居民生活质量的提高和农村社会经济的发展。

可从三个维度测度农村公共服务便利度：一是可及性，考量农民尤其是中西部偏远山区居民获取基本公共服务的难易程度；二是标准化程度，即农村公共服务是否完善并接近城市水平，能否缩小城乡差距；三是配置优化程度，即农村地区公共服务设施是否与居民需求相匹配。

（四）农村人居环境舒适

农村人居环境是农村人文环境、地域空间环境和自然生态环境所构成的一个有机整体，是农村地域内居民日常生产生活所需物质与非物质有机组合而成的复杂系统。住房和城乡建设部等七部委在《关于推动农村人居环境标准体系建设的指导意见》中提出，农村人居环境建设主要包括农村厕所、农村生活垃圾、农村生活污水、农村村容村貌等几个方面。

农村人居环境舒适，是指农村人居环境适应农村现代化，并促进农村绿色低碳发展，居民生活废弃物得到无害化处理和处置，符合健康安全要求；村庄干净整洁，无环境污染，符合村庄清洁的要求；空气和水环境质量好，植被丰富，符合环境优美的要求。

（五）农村居民生活文明富足

农村居民生活文明富足，包含物质富裕、精神富足与城乡发展均衡三个方面。物质富裕是基础，精神富足是升华，二者共同构成生活富足的内涵；而城乡发展均衡则体现了生活文明的要求，即追求城乡生活水平差距的合理化与可承受性，这是实现共同富裕的重要路径，也彰显了平等作为文明第一价值的理念。

农村居民生活文明富足，意味着不仅要"富口袋"还要"富脑袋"，农村居民拥有稳定的经济收入和丰富的精神文化生活，在本地就能享受到与城市接近或相当的经济收益、物质生活条件和公共服务，城乡生活差距合理，农民生活品质和社会地位得到实质性提升，就地过上幸福生活。

二　主要做法与成效

（一）主要做法

1. 加大政策支持力度，全面引领乡村建设目标

改革开放以来，党和国家高度重视"三农"问题，1982～2024年，中共中央、国务院为处理好"三农"问题先后颁布并实施了26个"中央一号文件"。党的十八大以来，党和国家在推进农村生活条件改善方面出台了一系列政策措施，主要内容涉及美丽乡村、人居环境和传统村落等方面。党的十九大报告将生态宜居作为乡村振兴战略的重要内容，明确开展乡村人居环境整治行动。2018年底至2019年初，《农村人居环境整治三年行动方案》《农村人居环境整治村庄清洁行动方案》《关于推进农村"厕所革命"专项行动的指导意见》等相继出台。2021年中共中央办公厅、国务院办公厅联合出台《农村人居环境整治提升五年行动方案（2021—2025年）》，旨在巩固拓展农村人居环境整治三年行动成果，全面提升农村人居环境质量，并提出了扎实推进农村厕所革命、加快推进农村生活污水治理、全面提升

农村生活垃圾治理水平等重点任务。2022 年，中共中央办公厅、国务院办公厅印发了《乡村建设行动实施方案》，强调以普惠性、基础性、兜底性民生建设为重点，加强农村基础设施和公共服务体系建设，努力让农村具备更好生活条件，建设宜居宜业美丽乡村。2022 年 10 月，党的二十大报告提出"统筹乡村基础设施和公共服务布局，建设宜居宜业和美乡村"，首次明确提出了"建设宜居宜业和美乡村"的宏伟目标，这不仅为我国乡村建设树立了新的标杆，也标志着乡村发展理念的重大跃迁。2023 年，"中央一号文件"《中共中央、国务院关于做好 2023 年全面推进乡村振兴重点工作的意见》对如何建设宜居宜业和美乡村作出重要部署，为实现乡村全面振兴指明了前进方向。2024 年"中央一号文件"《中共中央、国务院关于学习运用"千村示范、万村整治"工程经验有力有效推进乡村全面振兴的意见》深刻体现了"因地制宜、因村施策"的指导思想，其核心目的是最大限度激发乡村内在活力和创造力，全面改善农村生活条件。这些政策不仅明确了乡村建设的总体目标和重点任务，还为具体实施提供了指导和保障。

2. 规划先导明确方向，科学布局乡村建设蓝图

科学的乡村规划是农村生活条件改善的重要引领。2024 年"中央一号文件"强调增强乡村规划引领效能，提出适应乡村人口变化趋势，优化村庄布局、产业结构、公共服务配置；同时，要求强化县域国土空间规划对城镇、村庄、产业园区等空间布局的统筹。近年来，我国在乡村规划方面注重统筹谋划和顶层设计，确保乡村建设有序推进。首先，以县域为基本单元，全面整合乡村基础设施、公共服务设施以及产业布局的规划，形成系统化、协同化的发展蓝图，不仅关乎空间布局的优化，更深入资源配置、功能定位及长远发展的每一个细节，确保乡村建设的每一步都精准踏在实地上。其次，遵循因地制宜的原则，深入了解每个村庄的资源禀赋、历史文

化、村民需求，科学合理规划，坚决摒弃"一刀切"的城市化模式。再次，规划融合也是提升乡村建设质量的关键一环，将村庄规划与交通、水利、电力、通信等多领域的基础设施建设规划紧密对接，实现多系统间的无缝衔接与高效协同，避免建设中的重复与冲突。最后，积极探索信息化与在线服务系统的新融合路径，通过整合党务服务、公共事业服务、基础设施管护及涉农事项办理等功能，构建线上线下结合、高效便捷的服务体系，不仅提升了管理效率，也极大地提高了服务农民群众的水平，为乡村振兴战略的深入实施奠定了坚实基础。

3. 加大资金投入力度，为乡村建设注入强大动力

充足的资金投入是农村生活条件改善的重要保障。我国在乡村建设方面加大了资金投入力度，并建立了多元化的资金筹措机制。一方面，中央和地方都大幅增加财政投入。近年来，按照党中央、国务院决策部署，各级财政部门会同有关部门坚持农业农村优先发展总方针，把农业农村作为财政支出的优先保障领域，出台了《关于扩大农业农村有效投资　加快补上"三农"领域突出短板的实施意见》《落实全国稳住经济大盘电视电话会议精神　进一步做好扩大农业农村有效投资工作实施方案》等一系列文件，明确将农村人居环境、农村供水、乡镇污水处理、农村公路、农村电网和数字乡村等乡村建设内容列入重点支持范围，不断加大投入力度。乡村振兴专项农村人居环境整治中央基建投资自 2019 年开始连续 4 年每年投入 30 亿元。各地、各部门也形成了以中央、省级政府为主导，地方财政根据实际情况进行配套的投入模式。除各级财政建设资金外，地方政府利用专项债资金投入乡村建设，占农业农村领域债券投入的比重约为 1/3。另一方面，投入渠道持续拓宽。农业农村部连续 4 年印发《社会资本投资农业农村指引》，引导社会资本投入农业农村。目前，社会组织、企业等各类社会力量通过捐助捐赠、共同建设等方式参与农村基

础设施和公共服务设施建设运营，成为乡村建设不可忽视的重要力量，呈现投入主体多元、投入方式灵活、投入规模变化较大的特点。此外，金融资本投入规模也不断扩大。近年来，农村基础设施建设贷款余额持续增加，从 2015 年的 2.8 万亿元增长到 2020 年的 6.3 万亿元，占涉农贷款比重持续增长，从 11.7% 提高到 17.8%。金融产品和服务模式也不断创新。各地政府联合银行、担保机构积极推广"政银担"模式、"政银保"模式，通过财政、信贷、保险三轮驱动，撬动更多金融资本投入乡村建设。

4. 健全组织保障体系，为乡村建设提供坚实后盾

有效的组织保障是农村生活条件改善任务顺利实施的关键。为确保农村生活条件改善的各项任务能够高效、有序地实施，我国构建了高效的组织体系与工作机制。首先，中央和地方各级党委、政府"五级联动"、紧密协同，形成上下一心、同频共振的工作合力，确保政策指令畅通无阻，资源调配科学合理；同时，各相关部门之间加强沟通协作，建立工作专班，打破部门壁垒，实现了资源的优化配置与信息共享。其次，加强农村基层党组织建设，充分发挥其战斗堡垒作用，引领乡村建设行动深入民心。为确保乡村建设任务落到实处，国家建立健全考核机制，对各地乡村建设情况进行定期考核评估，并强化责任追究机制，对考核不合格的地区和部门进行通报批评和责任追究，以此推动乡村建设不断取得新的成效。最后，农民作为乡村建设的主体，其参与程度直接关系乡村建设的成败。2024 年"中央一号文件"指出"尊重农民意愿，让广大农民真正成为乡村振兴的参与者和受益者"。应充分保障农民的知情权、参与权、表达权、监督权，在项目谋划、建设、管护等各个环节都充分尊重农民意愿，让农民成为乡村建设的真正参与者与受益者。

（二）主要成效

1. 农村基础设施

（1）农村公路已建成完备的道路体系。党的十八大以来，我国农村公路进入崭新发展阶段。截至 2023 年底，全国农村公路总里程达 460 万公里，长度可绕地球 115 圈，具备条件的乡镇和建制村全部通硬化路[①]。其中，县道、乡道、村道里程分别达到 70 万公里、124 万公里、266 万公里，农村公路桥梁达到 53 万座、隧道达 2222 座，形成了一张县道沟通城乡、乡道往来交织、村道抵田连户的农村交通基础设施网络。从公路建设的技术等级看，截至 2023 年底，农村公路等级路里程及比例分别达到 445 万公里和 96.8%，铺装路面里程及比例分别达到 422 万公里和 91.8%，两者比例十年间分别提高了 11.9 个、27.2 个百分点[②]。农村公路的通达深度也全面提升。我国当前已经实现具备条件的约 3 万个乡镇、超过 50 万个建制村全部通硬化路（见专栏 1），同时旅游景点、产业园区、矿区等农村地区主要经济节点的通硬化路问题基本解决。

专栏 1　阿布洛哈村——"希望之路"打通，"行路难"已成历史

　　阿布洛哈村位于四川省凉山彝族自治州布拖县。阿布洛哈在彝语中意思是"高山中的深谷，人迹罕至的地方"。正如它的名

[①] 《交通运输部：截至 2023 年底我国农村公路总里程达 460 万公里》，https://news.cctv.com/2024/02/28/ARTID7ImhvVPa202TkxkvUZY240228.shtml。

[②] 《〈新时代的中国农村公路发展〉白皮书》，https://www.gov.cn/zhengce/202411/content_6990096.html。

字，阿布洛哈村是一个群山环绕、悬崖孤绝的村落，也是全国最后一个通公路的建制村。阿布洛哈村虽然距离县城不过55公里，但悬崖与激流构成了天然屏障，阻断了村民的出行。修路前，村民们若出村，需沿陡峭的山路步行3个多小时。2018年，阿布洛哈村的通村公路（全长约4公里）项目正式获批并动工建设。经历了每天推进十余米，应急管理部调动米-26直升机将8台大型挖掘机和炮机成功吊运至村内等一系列艰难险阻后，2020年6月，"最后一公里"终于打通，村民坐车10分钟就能出村。这一节路，翻山越岭、过河穿沙，宛如巨龙般穿越了重重阻碍，将偏远的小山村和城市紧紧相连，当地"行路难"问题得到历史性解决。

参考资料：《75 辉煌村宝之光/四川阿布洛哈村："希望之路"带来美好生活》，《乡村干部报》2024年10月9日。

（2）农村电网改造升级成效明显。2015年底，我国已历史性解决全国无电人口的用电问题。2016年，我国启动实施新一轮农村电网改造升级行动。2018年，农村用电量达到2.46万亿千瓦时，比2015年增长30%，年平均增长率为9%，比同期全社会用电量增长率高3个百分点。2023年全国农村电网平均供电可靠率达到99.9%[①]。农村电网改造升级带动了农村电力消费和农民家用电器更新（见图2）。据不完全统计，2016~2017年实施农网改造升级的农村，农户新增空调720万台、冰箱500万台、洗衣机450万

---

① 《2024年电力可靠性指标发布会在京召开》，https://www.nea.gov.cn/2024-06/27/c_1310779780.htm。

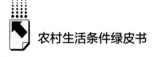

台、电视机 430 万台、电炊具 610 万台，农村居民生活质量明显提高①。

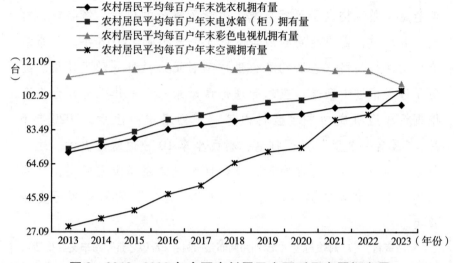

图2　2013~2023 年全国农村居民主要耐用电器拥有量

数据来源:《中国统计年鉴》。

（3）农村供水保障水平稳步提升。2021 年以来，我国完成农村供水工程建设投资 3979 亿元，巩固提升了 2.8 亿农村人口的供水保障水平。统计数据显示，党的十八大以来，我国农村自来水普及率年度变化显著（见表 2），处于稳步提升状态，2023 年全国农村自来水普及率已达到 90%②。2023 年底，全国共有农村供水工程 563 万处，服务农村人口 8.7 亿人，规模化供水工程覆盖 60% 的农村人

① 《国务院政策例行吹风会（2019 年 6 月 28 日），文字实录》，https：//www.gov.cn/ xinwen/2019zccfh/42/wzsl.htm.

② 《我国农村自来水普及率达到 90%》，http：//www.news.cn/mrdx/2024-01/12/ c_1310759987.htm.

口①。2024年，各地抢抓国家水网建设机遇，在城市近郊地区优先推进城乡供水一体化，大力推进集中供水规模化，推动城市基础设施向农村延伸。与2023年相比，全国规模化供水工程数量增加1300多处。

表2　2017~2023年全国农村自来水普及率

单位：%

年份	普及率	年份	普及率
2017	75	2021	84
2018	81	2022	87
2019	82	2023	90
2020	83		

（4）农村清洁能源设施持续改造升级。2017年12月，十部委联合发布《北方地区冬季清洁取暖规划（2017—2021年）》，之后我国积极推进北方地区的农村清洁取暖工作，各地也因地制宜推进"煤改气""煤改电"（见专栏2）。截至2023年末，我国农村地区约完成3900万户的清洁取暖改造②。2023年3月，国家能源局联合生态环境部、农业农村部、国家乡村振兴局印发通知，探索建设多能互补的分布式低碳综合能源网络。至2024年，国家电网经营区域内分布式光伏装机已达3.29亿千瓦，且主要分布于广大农村地区③。

---

① 《我国在解决农村饮水安全问题上取得重大进展》，https://baijiahao.baidu.com/s?id=1811354585773130808&wfr=spider&for=pc。

② 《抓好清洁能源持续运行　落实群众安全清洁温暖过冬需求》，https://www.gov.cn/xinwen/jdzc/202312/content_6919747.htm。

③ 《农村能源体系加速清洁化》，《中国能源报》2025年4月21日，第8版。

专栏2　赤峰松山区——"煤改电"让村民清洁过暖冬

"煤改电"项目是将传统的燃煤取暖改造为电力取暖。电锅炉环保、干净，可以定点定时开关机，同时锅炉管内覆有100~200纳米厚涂层，具有电热效率高、加热速度快等特点，兼具安全、不易结水垢、节能、使用寿命长等优势。截至2024年11月，赤峰市松山区14个乡镇已累计安装"煤改电"锅炉近1000台。

松山区太平地镇河南营子村村民李丛家里暖意洋洋。李丛说过去他家和村里其他人家一样，依赖燃煤锅炉过冬，每当寒风凛冽，他便得忙着添煤、清理炉灰，家里时常弥漫着煤烟味，温度也时高时低，然而，这一切在2023年冬天悄然发生了变化。而且李丛介绍，使用电锅炉节省了不少开支。

参考资料：《农村"煤改电"项目让村民度过绿色暖冬》，http://www.ssq.gov.cn/zzllms/zzllms_lbt/202411/t20241122_2480113.html。

（5）农村信息基础设施建设向纵深推进。党的十八大以来，国家持续指导数字乡村建设，出台多部政策文件，数字乡村建设稳步推进。2020年10月，我国首批国家数字乡村试点工作启动，经过多年发展，农村地区数字基础设施不断完善。2021年底，全国51.2万个行政村全面实现了"村村通宽带"；截至2024年，我国已实现100%的乡镇、90%以上的行政村通5G网络，99%以上的行政村通4G网络①。而且，全国71.9%的村庄宽带入户率在80%及以上，网络宽带的农户普及率已经达到较高水准②。

---

① 《对十四届全国人大二次会议第5179号建议的答复》，https://www.miit.gov.cn/zwgk/jytafwgk/art/2024/art_ce1b4f1039844cdc9fd3e76678e3c3e1.html。

② 《为乡村振兴插上"数字翅膀"——来自数字乡村建设情况的调查和思考》，https://www.gov.cn/yaowen/liebiao/202309/content_6905547.htm。

（6）农村物流体系逐步完善。2021 年 8 月，国务院办公厅印发《关于加快农村寄递物流体系建设的意见》，旨在进一步满足广大农村群众对更高标准、更多种类寄递服务的需求。之后，多个省份明确将农村寄递物流服务全覆盖作为民生工程之一，积极推进农村物流体系建设。2023 年国家邮政局加快农村寄递物流体系建设，累计建成 1267 个县级公共寄递配送中心、28.9 万个村级寄递物流综合服务站和 19 万个村邮站。截至 2024 年 11 月，全国累计建设 33.78 万个"一点多能、一站多用"村级寄递物流综合服务站，农村寄递"最后一公里"问题得到有效解决①。另外菜鸟物流、京东物流等都在深耕农村物流市场。截至 2023 年底，菜鸟物流深耕农村物流市场，通过下沉织网和持续补贴投入，在全国建立超过 650 个县仓，服务覆盖 3 万多个村，形成了一张遍布县乡村的三级物流网络；京东物流也布局多个智能化物流产业园，与数百个中心仓、卫星仓、产地仓、分拣中心高效协同，深入村镇转运中心、快递站点，服务网络进一步加密②。

专栏 3　荆门市东宝区——寄递物流体系打通农产品"上行路"

近年来，荆门市东宝区着力构建寄递物流体系，在全区 124 个寄递物流网点中遴选出 62 个功能叠加型村级寄递物流网点进行提档升级。每个村级网点都落实了统一外部形象标识、统一室内包裹货架等"六个统一"要求，配备了"一固五有"和快递单打印机等硬件设施，网点监控全部接入"天翼云眼"监控平台，所有网点建设、汰损、业务叠加、运营实现可视化管理。同时，东

---

① 付胜南：《发力补齐农村寄递物流短板》，《经济日报》2024 年 11 月 15 日。
② 《专题｜破解农村物流难题，绘就乡村振兴新貌》，《现代物流报》2024 年 3 月 4 日，第 11 版。

宝区 62 个网点均布放"寄件宝"，农户可在线下单，快速寄件。2024 年，东宝区成为湖北省 22 个农村寄递物流助推农产品上行试点县（市、区）之一。

随着农村寄递物流体系的不断完善，东宝区涌现了"同商严选""乡货购""农谷鲜""仙居红""祥宝电子"等一批本地电商平台。东宝区采取"农村经纪人+寄递物流村级网点+电商平台""农业产业化龙头企业+电商平台"等多种模式，助推农产品上行。胡家嘴土鸡、"荆溪渔源"食品、"仙居红"麦酱、天台山茶叶、栗溪土蜂蜜、精品果蔬等特色农产品搭着农村寄递物流的"顺风车"实现了"有产就有销，多劳能多得"。2024 年前三季度，全区农产品上行累计销售额达 4846 万元，较上年同期增长约 30%。

参考资料：《荆门东宝区：着力构建寄递物流体系，打通农产品"上行路"》，https：//baijiahao. baidu. com/s？id＝1819182552965832960&wfr＝spider&for＝pc。

2. 农村公共服务

（1）农村教育供给量质齐升。一是城乡教育均等化水平进一步提升。以县域为单元的城乡义务教育一体化实现新跨越，2022 年全国 31 个省（自治区、直辖市）和新疆生产建设兵团的 2895 个县级行政单位全部实现了义务教育基本均衡发展。2023 年印发的《关于构建优质均衡的基本公共教育服务体系的意见》，提出全面保障义务教育优质均衡发展。二是农村义务教育资源保障水平进一步增强。2023 年全国学前教育学校达到 27.44 万所，普惠性幼儿园占比达到 86.2%，全国幼儿园入园率达到 91.1%。全国义务教育阶段在校生中进城务工人员随迁子女为 1364.7 万人，其中在公办学校就学比例达到 95%，受教育机会更加均等。三是农村教育保障水平进一步提高。全国教育经费总额持续增加，2023 年中央财政投资达到 400 亿元；继续实施义务教育薄弱环节改善与能力提升等重大项目，2023 年全国新增义务教育优质学校 1736 所、优质学位 199.9 万个、城乡学校共同体 1.5 万个。农村教师人才队伍进一步扩大，2022 年全国农村义务教育阶段本科以上学历专任教师比例为 76.01%，比上年增长 3.78 个百分点。通过教育集团化办学和城乡教育共同体建设，实现了优质教师资源向薄弱地区有序流动。2022 年全国共选派 2.5 万余名优秀校长、教师开展支教讲学。"优师计划" 2022 年招收 11418 人，同比增长 19.8%；通过定向培养、定向就业，每年为 832 个脱贫县和中西部陆地边境县中小学校培养本科师范生。"国培计划" 2022 年培训中西部农村教师 100 万人次。"特岗计划" 全年招聘特岗教师近 6.7 万人。全国 718 个原连片特困地区县实施乡村教师生活补助政策，覆盖约 7.3 万所乡村学校，受益教师约 132.5 万人。四是农民综合素质全面提升。2022 年全国组织农民工参加补贴性职业技能培训 717 万人次，培训脱贫人口及脱贫家庭子女 128 万人次，组织高素质农民培训 75.39 万人次，其中 62.53% 拥有农民技术职称证书或国家职业资格证书。农民数字化素养培训成效显著，全国农民手机应用技能培训辐射超 1.85 亿人次，超过 80% 的高素质农民通过手机或电脑进行生产经营活动。

（2）农村医疗卫生供给不断加强。一是农村医疗卫生体系进一步完善，全国乡村医疗卫生机构网络实现乡镇、村屯全覆盖。2023 年，农村地区 2.96 万个乡镇共设乡镇卫生院 3.37 万个，49 万个行政村共设村卫生室 58.2 万个。二是农村医疗保障水平进一步提高。2023 年，全国卫生经费总支出达到 90575.81 亿元，其中财政支出达到 24147.89 亿元。2023 年，乡镇卫生院床位数达 145.6 万张，农村医疗卫生机构床位数达到 485.14 万张（比 2022 年增加近 20 万张），每万人床位达65.23张（同比增加2.71张）。三是农村医疗卫生人才队伍进一步壮大。2023年全国乡村医疗卫生人员总量为62.21万人，其中44%的村医具有执业（助理）医师资格，其余56%具有乡村医生资格。四是乡镇医疗服务保障能力进一步增强。2023年乡镇卫生院诊疗人数达到13.09亿人次，同比增加1.01亿人次；入院人数达到3992.06万人次，同比增长23.2%；乡镇卫生院床位使用率提高到58.5%。在基层医疗卫生机构接受健康管理服务的65岁及以上老年人达到1.27亿人次。

（3）农村社会保障人群范围扩大、保障质量提升。国家持续完善和升级农村社会保障体系，形成了以社会保险为主体，涵盖社会保险、社会救助、社会福利等在内、功能完备的体系结构，不断地从基础性的保障功能向普惠性保障功能扩展。农村社会保障不再局限于最基本的保障需求，而是向更广泛、更全面的方向发展，让保障更加实在和有效。

农村社会保障人群范围不断扩大。一是农村社会救助范围不断扩大，2024年财政部和民政部下达中央财政困难群众救助补助资金用于低保、特困人员救助供养、临时救助、流浪乞讨人员救助以及孤儿基本生活保障支出。二是基本保险参保规模扩大，参保率提升。截至2023年底，全国参加城乡居民基本养老保险人数为54522万人，较2014年增长8.81%（见表3）；全国人口参保率稳定在95%左右，农村低收入人口和脱贫人口参保率稳定在99%以上。全民医保基本实现。三是保障项目进一步扩增。持续推进工程建设领域农民工按项目参加工伤保险，并扩大新就业形态人员职业伤害保障试点范围。2024年，中国残疾人联合会和国家乡村振兴局联合指导各地进一步做好残疾人社会保障工作，通过提供就业支持、康复服务和无障碍环境改造等措施，扩大农村残疾人社会保障的范围。

表3 2014~2023年全国城乡居民基本养老保险参保人数及养老金情况

单位：万人，亿元

年份	参保人数	基金收入	基金支出	累计结存
2014	50107	2310	1571	3845
2015	50472	2855	2117	4592
2016	50847	2933	2150	5385
2017	51255	3304	2372	6318
2018	52392	3838	2906	7250
2019	53226	4107	3114	8240
2020	54244	4583	3355	9759
2021	54797	5339	3715	11396
2022	54952	5609	4044	12963
2023	54522	6185	4613	14534

数据来源：2014~2023年度人力资源和社会保障事业发展统计公报。

农村社会保障质量不断提高。一是城乡低保待遇标准不断提高，特困人员救助力度不断加大。2023年农村低保平均标准达7455.6元/（人·年），较2022年增加了470.4元，增长6.7%（见表4）。2023年全年支出农村特困人员救助供养资金500.2亿元，较2022年的477.1亿元增长4.8%（见表5）。二是基本保险保障能力不断增强。2023年我国城乡居民基本养老保险基金收入6185亿元、支出4613亿元，年末基金累计结存14534亿元（见表3）。2023年我国城乡居民基本医疗保险基金收入10569.71亿元、支出10457.65亿元，年末基金累计结存7663.70亿元（见表6）。二者均收大于支，保证了按时足额发放。三是残疾人社保权益制度不断完善。截至2023年底，参加城乡居民基本养老保险的残疾人达2749.0万人，重度残疾人获得参保扶助人数达到700.1万人（见表7）。

表4 2013~2023 年全国农村低保情况

年份	低保人数 （万人）	各级财政支出 （亿元）	平均标准 [元/（人·年）]	平均标准增长率 （%）
2013	5388.0	866.9	2434.0	17.7
2014	5207.2	870.3	2777.0	14.1
2015	4903.6	931.5	3177.6	14.4
2016	4586.6	1014.5	3744.0	17.8
2017	4045.2	1051.8	4300.7	14.9
2018	3519.1	1056.9	4833.4	12.4
2019	3455.4	1127.2	5335.5	10.4
2020	3620.8	1426.3	5962.3	11.7
2021	3474.5	1349.0	6362.2	6.7
2022	3349.6	1463.6	6985.2	9.8
2023	3399.7	1483.9	7455.6	6.7

数据来源：民政部 2012~2017 年《社会服务发展统计公报》、2018~2023 年《民政事业发展统计公报》。

表5 2015~2023 年全国农村特困人员救助供养情况

年份	农村特困人员 （万人）	各级财政支出 （亿元）	财政支出增长率 （%）
2015	516.7	210.0	10.6
2016	496.9	228.9	9.0
2017	466.9	269.4	17.7
2018	455.0	306.9	13.9
2019	439.1	346.0	12.7
2020	446.3	424.0	22.5
2021	437.3	429.4	1.3
2022	434.5	477.1	11.1
2023	435.4	500.2	4.8

数据来源：民政部 2012~2017 年《社会服务发展统计公报》、2018~2023 年《民政事业发展统计公报》。

表6　2019~2023年全国城乡居民基本医疗保险基金收入情况

单位：亿元

年份	基金收入	基金支出	累计结存
2019	8575.00	8191.00	5143.00
2020	9115.00	8165.00	6077.00
2021	9724.48	9296.37	6716.58
2022	10128.90	9353.44	7534.13
2023	10569.71	10457.65	7663.70

数据来源：国家医保局2019~2023年《全国医疗保障事业发展统计公报》。

表7　2017~2023年全国残疾人参加城乡居民基本养老保险情况

单位：万人

年份	参加城乡居民基本养老保险人数	重度残疾人获得参保扶助人数
2017	2614.7	529.5
2018	2561.2	576.0
2019	2630.7	618.2
2020	2699.2	657.9
2021	2733.1	685.9
2022	2761.7	692.3
2023	2749.0	700.1

数据来源：中国残联《2017年中国残疾人事业发展统计公报》、2018~2023年《中国残疾人事业发展统计公报》。

（4）农村文体服务效能不断提升。国家持续推进农村文化体育事业发展，农村文化体育事业不再局限于单一的体育活动，而是向着更多元、更综合的方向发展，以满足农民群众对美好生活的需要。2023年，我国农村居民人均教育、文化和娱乐支出1951元，较上年增长15.92%（见表8）。一是农村文体服务普及度持续提高，截至2023年底，全国共有农家书屋58.7万余家，超过91%的乡镇有文化站，超过71%的村有农民业余文化组织，全国平均每个乡镇拥有文化站 1.1 个。2024 年，国家体育总局通过中央集中彩票公益金支持国家乡村振兴重点帮扶县及西藏、新疆和老少边穷地区县级行政区域建设县级多功能运动场，维修、改造、更新行政村农民体育健身设施和场地。二是农村居民文体活动不断丰富。持续打造中国农民丰收节，推动农民丰收节逐步成为全国性的民俗节日、做强乡村文化产业的重要载体、展示农民风采的特色舞台。2023 年，全国农民丰收节累计举办主题庆祝活动 3500 余场次。同时，全国各地因地制宜开展文化体育活动，以宁夏回族自治区为例，其充分利用宁夏"塞上江南、鱼米之乡"文化特色，积极开展"大地流彩"系列活动。2024年 8 月，宁夏成功举办了第五届全国和美乡村健康跑暨半程马拉松赛、"村钓"邀请赛和宁夏"村 BA"总决赛，展现了新时代农民风采和乡村风貌。这些活动既丰富了乡村文化生活，传承和发扬了民俗文化，又满足了农民群众的精神文化需求。

表8　2015~2023 年全国居民人均教育、文化和娱乐支出

单位：元，%

年份	农村居民人均教育、文化和娱乐支出	增幅	城镇居民人均教育、文化和娱乐支出	增幅
2015	969	12.77	2383	11.2
2016	1070	10.42	2638	10.7
2017	1171	9.44	2847	7.9
2018	1302	11.12	2974	4.5
2019	1482	13.84	3328	11.9
2020	1309	-11.66	2592	-22.1
2021	1645	25.67	3322	28.2
2022	1683	2.31	3050	-8.2
2023	1951	15.89	3589	17.7

数据来源：《中国统计年鉴》。

3. 农村人居环境

自 2018 年农村人居环境整治三年行动实施以来，各地农村在"千万工程"经验引领推动下，人居环境明显改善。

（1）农村卫生厕所普及率稳步提高。2023 年，全国农村卫生厕所普及率达到 75%左右，厕所建设和改造质量与实效有所提高，厕所粪污也得到较为有效的治理。近年来，农业农村部会同各地区、各有关部门坚持好字当头、质量优先、分类施策、注重实效，扎实推进农村厕所革命，取得积极成效。截至 2019 年，全国建有公共卫生厕所的村所占比例为 43.56%，建有户用无害化卫生厕所的村所占比例为 65.68%。东部地区这两个指标分别高于全国平均水平 17.27 个百分点、24.99 个百分点，中部地区这两个指标分别低于全国平均水平 7.4 个百分点、10.36 个百分点，西部地区这两个指标分别低于全国平均水平 3.18 个百分点、5.28 个百分点。同时，全国 58.66%的村已经实现了粪污资源化利用。自 2015 年以来，超过 4000 万个农村家庭厕所得到改造或新建，中国农村卫生厕所的普及率从 2015 年的 55%提高到 2021 年的 70%以上。此外，截至 2022 年底，全国共摸排农村户厕 7500 多万个，覆盖 43 万多个行政村，摸排出的问题厕所 68%已完成整改。各地将摸排整改问题厕所工作作为提升干部水平、改进干部工作作风的重要抓手，培养了一批改厕明白人，锻炼了一支担当作为的队伍，为扎实推进农村厕所革命打下了良好基础。

（2）农村生活污水治理率不断提升。目前，全国已经建成 50 余万套农村生活污水处理设施，农村生活污水治理（管控）率达到 45%以上，农村污水横流状况大幅减少。自 2018 年以来，国家加强了对农村生活污水治理的资金投入和政策支持，推动了大量污水处理设施的建设。2023 年全国农村污水处理率达到 45%，相比 2018 年初的 30%，提升了 15 个百分点。这标志着污水处理设施的建设和

**专栏4　广西壮族自治区柳州市创新全程无动力
农村黑灰污水治理模式**

2022年，广西借助村庄自然落差顺势修建管道设施，黑水、灰水管道均按照地势由高到低铺设，全程无动力介入，不产生电费，后续运行维护成本低，每100户黑灰水处理设施运维成本从2万~3万元降低至1000元。

参考资料：《广西柳城："三个两、无动力、低成本"实现农村污水治理多效合一》，https：//baijiahao.baidu.com/s？id=1722986200061727714&wfr=spider&for=pc。

专栏5　湖北省多地聚焦健全农村厕所管护机制进行探索

湖北省钟祥市构建三级服务体系，健全市、镇、村三级服务队伍，市级成立农厕服务中心，镇级成立农厕服务站，村级配备农厕服务信息员。镇级农厕服务站与新型农业经营主体对接，在种植基地建设农厕粪污储存池，推进粪污资源就地利用。宜都市建立户厕"码"上管护模式。将二维码作为农村户厕管护的抓手，建立"发起需求—解决问题—群众评价—监督举报"闭环服务机制，实现20分钟内回应、1小时内赶到现场、半天内解决问题，将群众评价结果纳入年度服务考核管理，并设立举报电话，接受改厕农户和社会监督。

参考资料：《扎实有序推进乡村发展建设治理建设宜居宜业和美乡村》，http：//www.zcggs.moa.gov.cn/ncggysyqjs/202406/t20240612_6456977.html。

运营取得了显著进展。2023年，生态环境部发布的报告显示，35%的农村水体污染得到了有效控制和减少。特别是农村河流、湖泊水质逐步提升，水质优良的比例从2018年的48%提升到70%。此外，截至 2023 年，全国已建立超过 3000 个村级污水治理管理组织，覆盖了 80%以上的污水治理设施，推动了农村污水治理的规范化和常态化。乡村污水治理与生态农业结合推进，许多地方将污水治理与农业结合，通过再生水灌溉促进农业可持续发展。例如，山东、陕西等地采用了"污水灌溉+生态农业"的循环利用模式。2023 年，全国产生的生活污水中，约有 20%被用于农业灌溉，实现了污水的资源化利用。

专栏6 河南周口打造"渔光互补"模式

2023 年，河南省周口市淮阳区冯塘村引入社会投资 150 万元治理坑塘，在治理好的坑塘上建设光伏发电板，年发电量 150 万度，年收益约 55 万元。同时，发动村民利用坑塘养殖鱼虾，形成"上可发电、下可养鱼"的产业新模式，"纳污坑"变为"生态塘""经济塘"。

参考资料：《河南周口："渔光互补"光伏发电"纳污坑"变"生态塘"》，http：//pic. people. com. cn/n1/2023/0818/c1016-40059371. html。

（3）农村生活垃圾治理率不断提升。截至 2023 年，我国进行生活垃圾收运处理的行政村比例稳定保持在 90%以上，排查出的 99%的非正规垃圾堆放点已经得到整治。各地通过"财政奖补、项目支持、村民自筹"等方式，为垃圾治理工作提供了充足的资金。多地实施"户分类、村收集、镇转运、县处理"模式，其中有 100 多万个村庄开始实施垃圾分类。全国超过 80%的农村居民已开始参与垃圾分类工作，推动了垃圾分类体系的初步建立。各地政府加大了垃圾收集、清运和处理设施的投入，配备了大批设备。截至 2023 年，全国已为农村地区配置压缩式垃圾收集车约 12000 辆、垃圾分类桶 40

万多个；同时加强了保洁员队伍建设，为每 100 户或每 450 人配备一名专职保洁员。部分地区通过引入先进技术，大力推广智能垃圾桶和垃圾分类监控系统。截至 2023 年，全国约有 10000 个智能垃圾桶和 4000 套垃圾分类监控系统投入使用，约 70% 的村民参与了垃圾分类活动。积分制奖励政策有效促进了村民主动参与环境治理，提升了环保意识。

专栏 7　陕西省咸阳市杨陵区创新农村垃圾治理模式

　　截至 2020 年 8 月，杨陵区率先在揉谷镇和五泉镇实行"户分类、村收集、乡镇转运、区处理"的垃圾处理模式，全区 55 个行政村的生活垃圾收集处理率达到 95% 以上。为确保治理效果，杨陵区加大了资金投入，整合财政资金约 1 亿元，为每个村配置了压缩式垃圾收集车和分类垃圾桶，并发放环保垃圾袋。此外，杨陵区通过实施"两分拣两运输"模式，确保垃圾从家庭到乡镇的全过程分类处理，增强了村民的环保意识。乡镇政府与企业签订回收协议，推动垃圾资源化利用。通过制定详细的工作方案和加强监督监管，杨陵区确立了垃圾治理的长效机制，推动了乡村振兴和环境改善。

　　参考资料：《我省农村生活垃圾治理典型案例展示——杨陵、商陵模式》，《陕西建设》2020 年第 4 期。

　　（4）村容村貌明显改善。截至 2023 年底，全国有 95% 的村庄参与了村庄清洁行动，其中有 14 万个村庄绿化美化成果显著，村内的"脏乱差"现象得到了明显改善。自 2018 年起，各地政府和社会资本投入了大量资金用于村容村貌整治工作。2023 年，全国累计投入约 1200 亿元用于农村环境治理项目，涵盖了村庄清洁、绿化美化、

基础设施建设等多个方面。据统计，2023 年全国约 80% 的村庄解决了环境卫生不整洁的问题。特别是在一些落后地区，村庄的环境面貌有了根本性的改变。各地加强了农村基础设施建设，修建了大量的乡村道路、休闲广场、公园等公共设施。截至 2023 年底，全国建成 50 多万个村庄文化活动中心和健身广场，村庄的公共基础设施水平得到大幅提升。通过环境整治，乡风文明建设得到了显著推进。2023 年，全国约有 70% 的村庄建立了乡村文化长廊、村规民约等制度，环境整治与乡风文明建设相结合，有效增强了村民的环保意识和文化认同。在村容村貌改善过程中，农民的参与积极性显著提高。全国约有 80% 的农村居民参与了村庄环境治理工作，包括清扫街道、修整公共区域、种植绿化植物等，环保意识和自我管理能力得到了显著提升。

专栏 8　江苏省如皋市长江镇村民参与"村庄清洁行动"

在江苏省如皋市长江镇，2024 年启动的"村庄清洁行动"是一次成功的农村环境整治典范。通过广泛宣传、党员带头、网格化管理和积分激励等措施，长江镇迅速实现了环境治理目标。镇政府成立了专门的工作小组，利用微信群和宣传单等方式提升村民的环保意识，逐步促使群众从被动参与转向主动参与。同时，党员干部深入每个村庄，带领村民清理垃圾，解决环境问题。此外，长江镇还实施了积分制管理，鼓励村民通过贡献获得奖励，增强了大家的参与感。2024 年，长江镇共组织了 432 次清洁行动，清理了 1465 处乱堆乱放点，村庄面貌焕然一新。这一经验表明，政府、党员和村民的共同努力能有效推动乡村振兴，实现美丽乡村愿景。

参考资料：《长江镇以"村庄清洁行动"为抓手　绘就和美乡村"新画卷"》，http://www.sgrh.gov.cn/xwzx/bmdt/content/post_2701522.html。

4. 农村居民生活

随着乡村振兴战略的深入实施，乡村产业蓬勃发展，我国农村居民生活在多个方面呈现积极的变化。

（1）农村就业人员数量呈现稳定增长趋势，就业结构不断优化，就地就近就业趋势增强。2013 年以来，随着精准扶贫和乡村振兴战略的深入实施，农村产业加快发展，农产品加工、农田水利、人居环境整治等领域为农村劳动力提供了更多的就业机会，第二、第三产业就业吸纳能力增强，农民就业机会增加。2023 年我国乡村人口为 4.77 亿人，其中就业人员 2.7 亿人，就业人口占乡村总人口的 56.6%。外出务工农民人数持续增长，从 2023 年监测数据看，农民工总量达到 29753 万人，其中，在户籍所在乡镇地域以内从事非农产业的本地农民工 12095 万人、外出农民工 17658 万人；农民工中从事第三产业的占 53.8%、从事第二产业的占 45.5%。从六个主要行业看，2023 年农民工从事制造业的占 27.5%、从事建筑业的占 15.4%、从事批发和零售业的占 13.2%、从事交通运输仓储和邮政业的占 7.1%、从事住宿餐饮业的占 6.7%、从事居民服务修理和其他服务业的占 12.7%。家政服务和共享经济等新兴服务业为农村劳动力就业提供了新机遇，逐步成为农村劳动力就业的新引擎，家政服务业有望成为农村劳动力就业的主力行业。同时"互联网+生活服务业"承接了大量从制造业转移的青年劳动力[1]。

整体上农民工向中西部地区回流[2]。超过 3/4 的农民工在省域

---

① 《"十四五"农村劳动力就业的新形势与应对思路》，https://www.sohu.com/a/381778652_699490。

② 《2023 年农民工监测调查报告》，https://www.stats.gov.cn/sj/zxfb/202404/t20240430_1948783.html。

内就业[①]，超过一半在县域内就业，就业领域主要涉及服务业（家政服务、生活服务等）、基础设施建设、城市环境保持、加工业等。大力发展县域经济，提振县域富民产业是带动农民就业增收的有效途径。

（2）农村居民人均可支配收入持续增长，收入来源日趋多样化，城乡收入差距逐渐缩小。近十年来，中国农村居民人均可支配收入呈逐年上升趋势，2023年农村居民人均可支配收入达到21691元，与2012年的8389元相比，累计增长159%，年均增长8.2%，与我国经济增长基本同步。2024年农村居民人均可支配收入达到2.31万元，增速高于城镇居民1.9个百分点。2013年以来，多数年份农村居民收入增速快于城镇居民，城乡收入比正在逐渐缩小，从2013年的3.03∶1下降至2023年的2.39∶1。

同时，农村居民的收入来源逐渐多样化，包括工资性收入、经营净收入、财产净收入和转移净收入等。就业机会的增多带来农村居民工资性收入的持续增长，成为收入增长的主要支撑。随着农村经济的发展和产业结构的调整，农村居民的经营性收入也有所增加。2023年农村居民工资性收入、经营净收入、财产净收入和转移净收入分别为9163元、7431元、540元和4557元，占比分别为42.2%、34.3%、2.5%和21.0%，工资性收入和经营净收入成为农村居民的主要收入来源，两者占比近八成。2024年上半年，农村居民工资性收入达到5339元，经营净收入为3123元，财产净收入为334元，转移净收入为2476元[②]。进一步优化营商环境、促进农民就地就近就业创业，是保障农民增收的有力抓手。

---

① 《2022年农民收入结构：工资性收入占41.96%，财产净收入占2.53%》，https：//finance.sina.com.cn/jjxw/2023-02-14/doc-imyfrvfw9214640.shtml。

② 《2024年上半年居民收入和消费支出情况》，https：//www.stats.gov.cn/sj/zxfb/202407/t20240715_1955615.html。

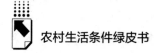

（3）农村居民消费水平持续升级，物质生活品质与精神生活水平同步提升。随着我国农村居民收入的不断提升，农民消费结构相应地实现优化升级。党的十八大以来，农村居民年人均消费支出由2012年的6573元增加到2023年的21398元。城乡居民消费支出之比由2012年的3.17：1缩小到2023年的1.97：1。

农村居民恩格尔系数逐步下降，生活品质有效提升。我国农村居民恩格尔系数从2012年的35.9%下降为2023年的32.4%，居民生活从相对富裕向富裕水平更进一步。我国农村居民食品消费结构向科学化、合理化发展，农村居民人均粮食消费量由2013年的178.5千克下降到2023年的159.8千克，累计下降10.5%；人均蔬菜（包含食用菌类）、水果消费量由2013年的90.6千克和27.1千克上升到2023年的113.0千克和51.7千克，分别上升24.7%和90.8%；人均肉类消费量由2013年的22.4千克上升到2023年的40.1千克，累计增长79%。2023年，农村居民主要耐用消费品持有量保持增长，其中每百户家用汽车、摩托车、电动助力车、洗衣机、电冰箱、彩色电视机、空调拥有量分别为40辆、41.4辆、84.9辆、97.6台、105.7台、108.8台和105.7台。

农村居民消费领域由物质消费向物质精神双重消费需求发展，消费结构不断优化升级，交通出行、子女教育、医疗服务等消费快速增长，服务性消费支出占比逐步提高。2023年农村居民人均服务性消费支出7164元，占总消费支出的33.5%，年均增长10.8%；农村居民国内旅游花费达到7353亿元，比2013年增长了31.7%；农村人均教育、文化和娱乐支出1951元，占总消费支出的9.1%，占比较2013年增长1.77个百分点。

（4）农村居民的文化素养和综合素质不断提升，精神状态积极向上，对生活充满信心和希望。随着农村文化事业的发展和教育水平的提高，农村人口接受高等教育的机会也在不断增加，农村适龄人口平均受教育年限逐年提升。2023 年农村人口平均受教育年限达到 9.6 年，20 个省、自治区、直辖市的农村人口平均受教育年限超过 10.5 年；全国农村居民家庭户主初中及以上文化程度的占比为 64.9%，比 2013 年提高 1.8 个百分点。

农村居民的获得感和幸福感持续提升，进城农民工对所在城市的归属感和适应度不断增强。据文献分析，2010~2021 年中国居民的平均幸福感呈现上升趋势，而在此期间农村居民平均幸福感高于城镇居民，农村居民幸福感的增长幅度也高于城镇居民[①]。另据 2023 年调查，进城农民工中 47.3% 认为自己是所居住城市的"本地人"，比上年提高 1.6 个百分点；86.3% 表示非常适应或比较适应本地生活，能够更好地融入城市生活，比上年提高 1.1 个百分点；38.2% 参加过所在社区组织的活动，与社区居民的互动增多，比上年提高 3.3 个百分点[②]。

三 问题与挑战

（一）农村生活条件建设不平衡不充分问题仍然突出

农村基础设施和民生领域历史欠账较多，存在较大短板。农村能源设施、冷链物流基础设施和新型信息化基础设施方面存在明显的短板，与农民需要的动态适应性不强。截至 2022 年底，全国农村的燃气普及率仅 42%。另据高德 POI 数据，全国各省区市行政村方圆 1 公里内有邮局或物流速递网点的平均占比仅为 15%。在农村公共服务

---

① 田柳、李玉梅、冯敬宇：《中国居民主观幸福感及其分布的变化趋势——兼论中国是否存在幸福悖论》，《劳动经济研究》2024 年第 6 期，第 70~100 页。

② 《2023 年农民工监测调查报告》，https：//www.stats.gov.cn/sj/zxfb/202404/t20240430_1948783.html。

方面，服务设施、教育、医疗和社会保障等领域的短板急需进一步补齐，农村教育萧条化趋势明显，中小学校甚至幼儿园呈现由农村向乡镇、区县集中的趋势；村级卫生服务点服务设施简陋、服务范围有限、医疗服务能力弱；农村养老服务供给相对不足，无法适应农村老龄化的增长速度和服务需求。根据高德 POI 数据，全国各省份自然村与最近小学和中学的平均距离分别为 9.0 公里和 12.8 公里，远高于 3 公里和 5 公里的就近入学目标。以农村养老服务设施覆盖率 80% 为基本具备标准，目前全国仍有 24 个省份低于这个水平。而农村人居环境改善工作受经济状况影响较大，经济条件好的地区能提供更多支持，改善效果突出；经济条件差的地区改善效果欠佳。截至 2023 年底，全国农村生活污水治理（管控）率仅为 40%。整体上，中西部的农村地区、民族地区、革命老区、边境地区的农村生活条件仍然很落后，难以满足农村居民生活需要和农业农村现代化建设需求。

（二）城乡要素投入和生活条件建设水平差距显著

城乡要素双向流动、平等交换的制度壁垒尚未完全破除，资金、技术、人才等生产要素更多地流向城市。技术、管理经验等在城乡之间的流动和扩散尚未形成有效的环境和机制，造成乡村建设发展要素保障不足、资源配置效率低下。农村生活条件建设资金和管护资金缺口较大，财政资金支持力度不够大，社会资本和金融资源重城市、轻农村趋势更加凸显。统计数据显示，2023 年，我国市政公用设施建设投入中，村和乡合计投入仅占总投资的 9.1%。农村建设人才短缺，素质偏低、引不进、留不住等问题突出，"人才荒"也是推进农村生活条件建设的掣肘之一。农村生活条件与城镇相比存在明显差距。截至 2023 年底，我国村庄、县城、城市的燃气普及率分别为 42.1%、92.5%、98.3%，农村生活污水治理（管控）率仅为城镇的

40%左右。2022年农村千人医师数量仅约为城市的一半。与城市相比，农村生活设施总体上存在人均拥有量低、供应不稳定、运维管护不足、使用成本过高等问题。

（三）农村现代生活条件建设标准体系与实践路径有待明晰

我国农村生活设施配置大多沿用城市以人口规模和行政职能为主导的标准规范模式，存在对乡村地域特征、生产生活方式、文化风俗习惯等方面考虑不足的问题。近年来虽有《美丽宜居乡村建设指南》等综合性国家标准，但仍缺乏对标基础设施完备、公共服务便利、人居环境舒适等农村现代生活需求的系统化、具体化的建设指引。全国各地推进农村现代生活条件建设的路径和模式不清晰，尤其缺乏体现地域特色和村民意愿的推进路径，亟须找到关键制约因素和破解路径，有序推动农村现代生活条件建设。此外，我国乡村统计体系不完善，数据支撑不足，影响相关测度评价和路径研究。

四 对策建议

在全国层面上，要如期实现2035年农村基本具备现代生活条件的宏伟目标，还需打一场覆盖面广、任务量大的硬仗。亟须从顶层设计、标准规范、县域统筹、示范带动、多方协同等方面推动农村现代生活条件建设。

（一）明确标准导向，精准补齐生活条件短板弱项

借鉴将"两不愁三保障"目标作为农村贫困人口脱贫核心指标和《美丽乡村建设指南》推进"千万工程"的成功经验，坚持目标导向，强化标准引领，推动各地精准施策。建议国家层面出台"农村基本具备现代生活条件建设指引"，明确农村基础设施完备（度）、

公共服务便利（度）、人居环境舒适（度）、居民生活文明富足四个
关键维度的重点内容、建设标准、评价指标体系，提出建设机制与保
障措施，为全国各地推进工作提供综合指导。鼓励地方结合国家指导
性文件和自身特色，因地制宜制定实施方案，确定区域性指标及目标
值，开展测度评价，精准识别短板弱项，有序推进农村生活条件
建设。

（二）优化顶层设计，分阶段分区分类推进

完善乡村建设调查与信息统计制度，增加村庄供水可靠率、行政
村5G通达率、农村生活垃圾资源化利用率等体现农村现代生活条件
的统计指标，为农村生活条件评价、规划提供数据支撑。在全国层面
编制"乡村建设总体规划（2026~2035年）"，结合城镇化发展趋势
与农村人口演变规律，提出2030年与2035年两个阶段的具体目标，
明确重点任务，指导地方分区分类推进乡村建设。各地根据地形地貌
特征、经济发展水平等条件，科学制定乡村建设规划、农村现代生活
条件提升方案，聚焦基础设施完备（度）、公共服务便利（度）、人
居环境舒适（度）和居民生活文明富足提出具体的建设内容，实现
多层次、多样化现代生活条件有序提升。

（三）深化县域统筹，促进城乡生活条件共建共享

以县域为重点加强乡村基础设施和公共服务布局统筹，促进城乡
基础设施、公共服务一体规划、协同建设。统筹县域内道路、能源、
水利、通信、仓储物流等基础设施建设，推进城镇基础设施向农村延
伸，补齐农村基础设施短板，实现城乡互联互通。建设紧密型县域医
共体、县域教联体、县乡村三级养老服务网络，推动县城、镇区基本
公共服务资源持续下沉，拓展智慧公共服务应用场景，推动城乡优质
公共服务共建共享。健全农村生活垃圾收运处置体系，统筹县乡村三

级设施建设和服务。统筹县域城乡生活污水一盘棋规划，因地制宜选择农村生活污水治理模式。

（四）完善示范机制，以点带面推动全面建设

建立农村生活条件典型示范推广机制，在不同经济条件、不同地形地貌类型、不同生活习惯的典型区域，选择不同类型的村庄打造一批率先基本具备现代生活条件的示范点，对标建设标准，探索实现路径，创新管理体制机制，提出制约因素的破解方案，在基础设施建设、公共服务提升和人居环境整治上筛选应用先进技术或模式。总结提炼可复制、可推广的典型模式，发挥示范点的引领、突破、带动作用，推动各区域农村现代生活条件全面提升。

（五）加强多方协同，凝聚合力推进建设

借鉴"千万工程"经验，将农村生活条件建设纳入五级书记抓乡村振兴的重点领域，作为"一把手"工程，充分发挥党的组织作用，建立有效的组织领导与工作体系，完善责任落实、督查考核、激励动员机制。发挥政府引导作用，通过税收减免、财政补贴、土地优惠等政策，采取PPP、政府购买服务等方式，鼓励社会力量参与。充分发挥村民主体作用，引导其参与村庄规划，充分考虑其对乡村建设定位、目标、任务和举措等方面的意见。充分发挥村集体在决策和建设中的重要作用，采取先建后补、以奖代补、直接补助等多种方式支持村集体和村民参与设施管理与维护。

测度篇

G.2

农村基本具备现代生活条件评价方法

陈　静*

摘　要：　本报告提出了引领性、系统性、科学性、供给导向、可操作的农村基本具备现代生活条件评价指标体系构建原则，明确了基础设施完备度、公共服务便利度、生活环境舒适度和农村居民生活文明富足"三度一足"的总体评价框架。确定了各指标的基本具备目标值，提出测度每个指标相对于目标值的实现程度的指标测算方法。确定了根据评价结果设定90~100分为"基本具备阶段"，低于90分为"尚未具备阶段"，高于100分为"已经具备阶段"的划分标准。

关键词：　乡村振兴　现代生活条件　评价方法

---

* 陈静，中国农业科学院农业经济与发展研究所研究员，主要研究方向为乡村规划与建设、乡村发展。

一　构建评价指标体系

（一）指标体系构建原则

引领性原则。农村基本具备现代生活条件评价是探索性工作，构建的评价指标体系要能够代表农村生活条件的最新情况，既要符合国际惯例和公众认知，又要注重中国式现代化的探索性和特色性。

系统性原则。以宏观理论为支撑，系统构建一级和二级指标体系，各级评价指标之间应具有一定的逻辑关系，反映农村生活条件特征和状态之间的内在联系。各指标之间应相互联系、相互补充，形成一个有机的整体。

科学性原则。指标选取和评价既要有理论基础和政策依据，能客观反映评价对象的实际情况，又要兼顾不同区域资源禀赋、发展水平等实际情况差异。指标体系要能够准确反映农村现代生活条件的本质特征和内在规律，能够客观地反映农村现代生活条件的供给数量和质量。

供给导向原则。农村生活条件评估聚焦于供给的普惠性和公平性，侧重于条件供给情况。选择供给导向性评价指标，可以更直接地反映农村生活条件的建设水平和覆盖范围。

可操作性原则。选择的指标要少而精，均为具有较强代表性、针对性、延续性、可操作性的关键指标，指标间既要存在联系、可互相印证，又要彼此独立、避免交叉，确保监测评价简便易行、取得实效。指标应基于可靠的数据源进行量化，以便于操作和实施，同时保证评价的客观性和准确性。

（二）总体评价框架

测度篇在总报告提出的农村基本具备现代生活条件"三度一足"

总体理论框架下，将基础设施完备度、公共服务便利度、生活环境舒适度和农村居民生活文明富足四个维度作为指标体系中的四个一级指标。遵循既定的指标体系构建原则，后续四个章节将分别构建各个一级指标的评价理论框架和二级指标架构，并系统遴选三级评价指标，构建完整的三级指标体系，进而对全国除港澳台以外的 31 个省（自治区、直辖市）开展农村基本具备现代生活条件评价。

二　指标值测算方法

本研究采用目标值法开展评价，设定评价指标基本具备目标值作为参照标准值，通过比较各评价指标现状值与目标值之间的差距，衡量一个地区农村现代生活条件的综合水平。

（一）基本具备目标值确定方法

根据党的十九大和十九届五中全会精神，我国确立了到 2035 年基本实现社会主义现代化，再到 2050 年全面实现社会主义现代化的战略蓝图。党的二十大报告更是明确提出，到 2035 年农村基本具备现代生活条件。这一愿景深度融合了空间公平理论和农村基本具备现代生活条件的核心要义，体现了农村生活与城市生活等值化的先进理念。值得注意的是，现代化是一个历史的、发展的概念，它并没有固定的模式或唯一的路径，任何一个国家的现代化道路都不尽相同。中国的现代化之路，本质上是中国特色社会主义现代化道路，我国农村的现代生活条件构建也需彰显鲜明的中国农村特色。因此，在设定基本具备现代生活条件目标值时，我国采取了多维度的参考标准：对于具有国际可比性的指标，参考发达国家现状值；对于与城市生活密切相关的指标，参考城市规划目标值或发达地区现状值；而对于乡村特色类指标，则依据相关规划目标值或发达地区农村的现状值进行设定。此外，鉴于现代化的动态性特征和我国社会主义现代化内涵的不断深化，农村基本具备现代生活条件的目标值也需要动态调整与优化，确保与时代发展的步伐相契合。

（二）指标值测算方法

测算一个地区农村现代生活条件的发展水平，实质是考量其各种表征指标与基本具备现代生活条件目标值的差距情况。为此，本研究通过汇总各类指标的实现占比，并采用平均赋权法计算其加权平均值，随后与基本具备目标值进行对比，以判别其所达到的现代生活条件综合水平。考虑到部分地区已超过了基本具备现代生活条件的水平，部分评价指标实现占比可能超过 100%，本研究将按实际占比计算；同时，为降低极端值对评价结果的影响，在计算综合实现程度时采用几何平均数法。

第一步，计算每个三级指标的实现占比，即：实现占比值＝指标年度值/农村基本具备现代生活条件目标值×100。其中，逆向指标的实现占比亦逆向计算，即：实现占比值＝农村基本具备现代生活条件目标值/指标年度值×100。

第二步，计算每个二级、一级指标的实现程度，采用算术平均算法，即：某二级、一级指标的实现程度值＝$(\sum_{i=1}^{m} M_i)/m$，M_i 表示该二级指标或一级指标下第 i 个下一级指标的实现占比值，m 表示该二级指标或一级指标下的下一级指标数，$i=1, 2, \cdots, m$。

第三步，计算综合实现程度，采用几何平均数法。本研究共四个一级指标，即：综合实现程度值＝$(\prod_{1}^{4} L_k)^{\frac{1}{4}}$，$L_k$ 表示第 k 个一级指标的实现程度值，$k=1, 2, 3, 4$。

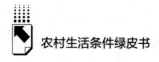

（三）发展阶段划分

参考农村基本具备现代生活条件研究基础和农村发展特点，本报告将农村现代生活条件发展水平划分为尚未具备阶段、基本具备阶段、已经具备阶段。理论上要达到100分才能算进入基本具备阶段，但考虑到目标值设定的误差概率和动态变化性，取10%的置信区间，设定90分~100分为基本具备阶段，低于90分为尚未具备阶段，高于100分为已经具备阶段。

表1　农村现代生活条件发展阶段分值

评价得分情况	农村现代生活条件具备阶段
90分以下（不含90分）	尚未具备阶段
90分~100分	基本具备阶段
100分以上（不含100分）	已经具备阶段

G.3
农村基础设施完备度评价指标体系
与测度结果

刘建艺　张鸣鸣*

摘　要： 本报告构建了基于道路通达、饮水安全、能源清洁、网络可及和物流便捷五大领域的农村基础设施完备度评价指标体系，从数量、覆盖范围、质量及现代化水平等维度全面衡量我国农村基础设施的发展状况与区域差异。测度结果显示，我国农村基础设施现代化建设整体水平仍然偏低，仅上海达到已经具备阶段，天津、北京两个直辖市进入基本具备阶段，其余省份处于尚未具备阶段。从具体指标来看，不同领域的表现差异显著，道路通达和饮水安全方面表现相对较好，能源清洁水平较低，网络可及和物流便捷领域表现最差。

关键词： 农村基础设施　完备度评价　道路通达　能源清洁

一　概念内涵

农村基础设施完备度是指农村地区生活性基础设施建设对于满足现代生活条件的完备程度，这些设施的完备度体现在两个方面：一是

---

* 刘建艺，农业农村部成都沼气科学研究所助理研究员，主要研究方向为农村与区域发展；张鸣鸣，博士，农业农村部成都沼气科学研究所研究员、首席科学家，主要研究方向为农村公共产品理论。

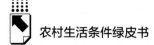

数量上能够满足农村现代化要求和农民生产生活的基本需求；二是质量上能够达到现代化标准，以提升农民的生活水平。其核心是评估农村地区现有设施供给与"农村基本具备现代生活条件"要求下的基础设施供给的差距。

农村基础设施完备度蕴含目标导向的评价过程，所以，它不仅是对现有基础设施是否完善的简单衡量，还反映了农村基础设施建设在时代背景下的特点和要求，体现了不同历史阶段、不同社会发展阶段对农村基础设施的需求变化。随着乡村振兴战略和农业农村现代化的推进、经济发展水平的提升以及农村社会结构的变化，农村基础设施建设的目标和要求也可能更新，以适应国家发展的新阶段。

二　理论框架

近年来，学者们从不同视角对农村基础设施发展水平进行了测度研究，例如，从经济社会视角探讨农村基础设施的可获得性与农村减贫问题[1]，从环境视角分析农村基础设施对农业绿色全要素生产率的综合影响[2]，从空间视角研究农村基础设施发展水平的区域差异[3]。特别是在乡村振兴和农村现代化的背景下，基础设施的建设和完善被视为促进农村经济发展、缩小城乡差距的重要抓手[4]，这推动了农村

---

① 谢申祥、刘生龙、李强：《基础设施的可获得性与农村减贫——来自中国微观数据的经验分析》，《中国农村经济》2018 年第 5 期，第 112~131 页。

② 王伟、林丽波、布仁门德：《农村基础设施对农业绿色全要素生产率的影响研究——基于空间溢出效应视角》，《中国农业资源与区划》2024 年，第 1~10 页。

③ 许庆、刘进、熊长江：《中国农村基础设施发展水平、区域差异及分布动态演进》，《数量经济技术经济研究》2022 年第 2 期，第 103~120 页。

④ 梅紫云：《湖南省农村基础设施对农业农村现代化水平的影响研究》，《江西农业学报》2023 年第 8 期，第 229~236 页。

基础设施评价视角从单一的物质考量向综合性的社会经济效益分析转
变，例如对农村居民现代性的促进，以及对设施可负担性的考量等。
同时，评价维度也不断拓展，不仅关注基础设施的普及率和覆盖率，
还将基础设施的质量、可持续性及区域差异等纳入评价范围①。在评
价方法方面，遥感技术与 GIS（地理信息系统）也开始被广泛应用于
农村基础设施的空间分析和评估，用于呈现基础设施在空间上的布局
和发展趋势。

　　基于对农村基础设施完备度概念阐释和指标体系已有研究成果的
总结，本研究中农村基础设施的评价内容包括农村道路、生活用水、
生活能源、网络通信、寄递物流等五方面。评价中既考虑基础设施的
数量和覆盖范围，又考虑其质量和现代化水平，评价框架如图 1
所示。

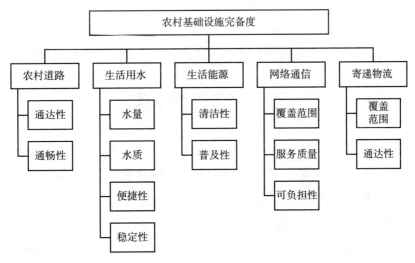

图 1　农村基础设施完备度评价框架

---

① Okrasińska, I., Wojewódzka-Król, K., "Transport Infrastructure Expenditures and the Regional Competitiveness", *ETiL* 2018, 77, 95–104.

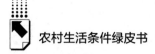

农村交通基础设施的评估主要围绕交通通达性、通畅性开展。通达性的关注重点是道路覆盖范围和网络连接性，通畅性的关注重点是道路服务水平和运行质量。

农村供水设施评价重点关注供水保障能力和水质保障水平。从水量、水质、便捷性和稳定性四方面，全面评估农村生活用水体系的服务能力。

农村生活能源设施评价重点关注清洁能源的使用情况和普及情况。通过清洁性和普及性两个维度，既能评估能源结构的绿色化水平，又能评估技术与设施的普及程度。

网络通信基础设施的评价涵盖覆盖范围、服务质量和可负担性三方面，系统反映农村网络通信的实际服务能力。

农村寄递物流设施的评价重点集中在农村物流网络节点体系建设情况上。农村物流网络节点体系包括县级农村物流中心、乡镇农村物流服务站、村级农村物流服务点三个层级[1]，各级网络节点覆盖范围和物流通达性是评价农村物流设施布局合理性和运行效率的关键方向。

三　评价指标体系

基于以上评价框架，为系统反映农村基础设施的核心内容与现代化目标，本研究构建了"道路通达"、"饮水安全"、"能源清洁"、"网络可及"和"物流便捷"共5个二级指标。

"道路通达"主要衡量农村道路交通的覆盖范围和连接性，聚焦交通的基础覆盖和使用便捷性，是农村发展中最基础的物理连接条件。

"饮水安全"衡量农村生活用水体系的供水能力、供水质量、便

---

[1]　《交通运输部办公厅关于进一步加强农村物流网络节点体系建设的通知》，2021。

捷性和稳定性，是农村居民生活质量的核心保障。

"能源清洁"主要评估农村生活能源的绿色化和现代化水平，是实现农村可持续发展与生活现代化的关键方向。

"网络可及"评估农村网络通信基础设施服务可及性。网络设施作为农村数字化发展的基础条件，直接影响农村居民接入信息、享受现代化服务的能力。

"物流便捷"主要衡量农村寄递物流网络的便捷性。物流设施在促进农产品外销和消费品下乡方面具有核心作用，是支持农村经济和生活便利化的重要保障。

在二级指标下共包含 13 个三级指标，具体见表 1。

表 1 农村基础设施完备度系统性评价指标体系

一级指标	二级指标	三级指标	指标说明	数据来源	备注
农村基础设施完备度	道路通达	自然村组通硬化路比例	衡量农村交通基础设施的覆盖程度和完善性	仅四川省公布 2022 年各市数据	
		自然村到最近县城的绕行系数	衡量交通通达性，自然村到最近县城的道路距离/直线距离	高德 POI 数据	关键性指标
	饮水安全	供水可靠率	一年中发生停水天数占全年的比例，评估供水系统的稳定性和可靠性	暂无数据	
		村庄供水普及率	由集中供水设施供给生活用水的人口数占常住人口的比例	《中国城乡建设统计年鉴》	关键性指标
		水质合格率	上一年度县域农村饮用水水质检测中，水质合格份数占县域农村饮用水水质检测总份数比例	样本县数据	

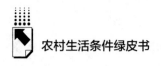

续表

一级指标	二级指标	三级指标	指标说明	数据来源	备注
农村基础设施完备度	能源清洁	农村电网供电可靠率	在统计期间内,对用户有效供电时间总小时数/统计期间小时数	《2023年全国电力可靠性年度报告》	关键性指标
		乡村居民人均生活用电量	乡村居民生活用电量/乡村人口	各地统计年鉴、《中国农村统计年鉴》	
		村庄燃气普及率	使用燃气(人工煤气、天然气、液化石油气)的家庭用户总人口数/常住人口数	《中国城乡建设统计年鉴》	关键性指标
	网络可及	计算机和移动电话普及率	每百户农村家庭拥有的计算机数和移动电话数	《中国统计年鉴》	
		宽带服务可负担性	入门级融合宽带服务的成本/农村居民人均可支配收入	三大通信运营商官方网站-资费专区,《中国农村统计年鉴》	关键性指标
		行政村5G通达率	最新移动通信技术在农村地区的普及程度	暂无数据	
	物流便捷	每万人仓储保鲜冷链设施拥有率	10000×农村地区仓储保鲜冷链的数量/地区农村人口数	暂无数据	
		15分钟物流服务圈覆盖率	方圆1公里内有邮局或物流速递网点的村庄占比	高德POI数据	关键性指标

(一)道路通达

本部分从道路质量和道路连通性两方面设置了2个评价指标,分别为"自然村组通硬化路比例""自然村到最近县城的绕行系数"。

"自然村组通硬化路比例"既能体现道路设施的覆盖率，也能体现农村公路质量。水泥路、沥青路等硬化路更方便居民出行、运输农产品和获取生活必需品。

"自然村到最近县城的绕行系数"采用距离度量法计算得出，该系数通过自然村到最近县城的道路距离与直线距离的比值，来反映交通网络的通达性，绕行系数越大意味着实际交通路线越不便捷。该指标最早出现在 Cole 和 King 的著作《定量地理学》[1] 中，他们将旅行距离与直线距离的比率定义为"绕行指数"，并通过在纸质地图上追踪道路来计算这一比率，他们发现英国各地农村地区的典型值为 1.2~1.6。县城是周边农村地区的经济文化中心、公共服务中心和就业机会集中地，自然村与县城间的绕行系数能有效评估自然村居民到县城通勤的便利性、物流成本，以及医疗、教育等公共服务的可达性。与仅考虑"自然村到最近县城的道路距离"相比，"自然村到最近县城的绕行系数"能更好地揭示不同地区交通网络的效率差异，并减少因地理区位差异而产生的偏差。该指标数据可直接通过高德地图等地图服务商业网站获取。

（二）饮水安全

本部分从供水稳定性、设施普及率以及水质情况三方面设置了 3 个评价指标，分别为"供水可靠率""村庄供水普及率""水质合格率"。

"供水可靠率"是评估供水系统稳定性和可靠性以及水资源管理有效性的指标。对于季节性缺水地区来说，该指标尤为重要。

"村庄供水普及率"是一个基础指标，衡量特定村庄内居民能够通过集中供水设施获得生活用水的比例。该指标反映了农村集中供水

---

① Cole J. P., King C. A. M, *Quantitative Geography*, London：Wiley；1968.

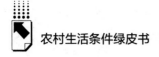

设施的普及程度，评估了居民对安全饮用水的获取能力，在《中国城乡建设统计年鉴》中有各省级数据。

"水质合格率"是指上一年度县域农村饮用水水质检测中，水质合格份数占县域农村饮用水水质检测总份数的比例。《住房和城乡建设部关于开展 2022 年乡村建设评价工作的通知》中，使用"农村集中供水入房率""农村饮用水水质合格率"对乡村建设进行评价，但统计数据为样本县数据。在典型案例调查中，可通过访谈、查阅资料及实地踏查等方式获取该数据。

（三）能源清洁

本部分从电网可靠性、电气化水平、燃气普及率等三方面设置了 3 个评价指标，分别为"农村电网供电可靠率""乡村居民人均生活用电量""村庄燃气普及率"。

"农村电网供电可靠率"衡量农村供电系统对用户持续供电的能力。据《2023 年全国电力可靠性年度报告》，2023 年，我国农村电网用户平均供电可靠率为 99.9%（对应系统平均停电时间 8.76 小时/户）。该指标与其他指标横向比较时，能凸显我国农村电力基础设施的完善程度。

"乡村居民人均生活用电量"指在一定时期内，乡村居民用于日常生活的总电量除以乡村居民的总人口数，得到的平均每人用电量，可用于衡量农村居民的用电需求和消费水平，反映农村居民的生活质量。一般来说，人均用电量越大，说明居民拥有更多的电器设备（如照明、家用电器、取暖和制冷设备等），电气化程度更高，生活条件更为现代，生活质量更高。该指标也反映当地能源基础设施的完善程度，如果电力供应稳定、覆盖广泛，人均用电量往往较大。

"村庄燃气普及率"是指在一定区域内，使用燃气（人工煤气、天然气、液化石油气）的家庭用户总人口数占常住人口的比例。该指标用于衡量农村地区燃气供应系统的普及程度，反映了燃气能源在农村的使用情况。数据来源为《中国城乡建设统计年鉴》。

（四）网络可及

该部分从网络通信设备普及情况、信息通信技术服务的可负担性和最新网络通信技术的可及性三方面设置了 3 个评价指标，分别为"计算机和移动电话普及率""宽带服务可负担性""行政村 5G 通达率"。

"计算机和移动电话普及率"是衡量一个地区数字设备使用和信息化进程的重要指标，对于评估农村地区的数字化水平和互联网接入条件具有重要意义。本研究使用《中国统计年鉴》中每百户农村家庭所拥有的计算机数和每百户农村家庭所拥有的移动电话数作为网络通信设备在农村普及程度的代理变量[1]。

"宽带服务可负担性"指的是入门级融合宽带服务的成本与农村居民人均可支配收入的比率，对应工信部提出的信息服务"用得上、用得起、用得好"中的"用得起"问题。该指标引用自国际电信联盟（ITU），并被一些学者应用于数字包容性研究，强调互联网服务费用与收入比对数字包容的重要性[2]。ITU 的信息通信技术服务（ICT）价格数据收集规则是从市场份额最大的运营商或互联网服务提供商处收集零售价格数据，在 ITU《2023 年 ICT 服务可负担性》报告中，中国固定宽带费用数据参考中国电信，而移动宽带费用支出

---

[1] 张含宇、姬宸宇：《互联网的普及能减缓中国农村贫困吗?》，《江苏大学学报（社会科学版）》2020 年第 22 期，第 14~25、38 页。

[2] Mhlanga, D., Dunga, H., "Demand for Internet Services before and During the Covid-19 Pandemic: What Lessons Are We Learning in South Africa?", *IJRBS* 2023, 12, 626-640.

则参考中国移动。评估某区域农村的 ICT 服务可负担性,可通过计算当地入门级宽带服务成本与农村居民人均可支配收入的比值来衡量。因各地资费不一,且农村地区有线宽带与移动数据流量套餐融合趋势明显,本研究使用融合套餐资费来表征宽带服务费,则"当地入门级宽带服务成本"(C)计算方式为:$C = S_M \times R_M + S_C \times R_C + S_T \times R_T$,其中 S_M、S_C、S_T 分别为中国移动、中国联通、中国电信的市场份额,R_M、R_C、R_T,分别为中国移动、中国联通、中国电信的入门级融合套餐资费。

"行政村 5G 通达率"反映最新移动通信技术在农村地区的普及程度,指示了农村地区在接入高速、高质量移动互联网服务方面的进展。在我国行政村已全面实现"村村通宽带"(指已通光纤或通 4G)的背景下[①],5G 通达率成为衡量农村网络通信基础设施建设水平更为有效的指标。《"十四五"信息通信行业发展规划》中也将行政村 5G 通达率作为评估农村信息通信行业发展的重要指标。然而,目前该指标尚无官方发布的分地区统计数据。在典型案例调查中,可以通过访谈、查阅资料及实地踏查等方式获取该指标相关数据。

(五)物流便捷

该部分特别关注农村寄递物流网络节点建设,针对产地冷藏保鲜仓储条件和农村物流服务便利性两方面设置了 2 个评价指标,分别为"每万人仓储保鲜冷链设施拥有率""15 分钟物流服务圈覆盖率"。

"每万人仓储保鲜冷链设施拥有率"是衡量特定地区(如县域)内冷藏保鲜设施数量和可达性的指标。农业农村部自 2020 年启动实

---

① 崔爽:《我国现有行政村全面实现"村村通宽带"》,《科技日报》2021 年 12 月 31 日。

施农产品产地冷藏保鲜设施建设项目以来，在农村地区支持建设了一批通风贮藏库、机械冷库和气调贮藏库、预冷及配套设施设备，完善了产地冷藏保鲜设施网络，但未发布冷库库容、冷藏车保有量等全国性官方统计数据。可在典型案例调查中，通过访谈、查阅资料及实地踏查等方式获取区域数据。

"15分钟物流服务圈覆盖率"指从农村居民点步行15分钟可满足居民物流寄递服务需求的村庄占比，表明了快递物流服务在农村地区的覆盖范围和普及情况。《城市居住区规划设计标准》中设定的15分钟生活圈居住区的控制范围为800~1000米，本报告参照这一原则，将"15分钟物流服务圈"指标界定为以高德地图中自然村的标注点为中心，方圆1公里内覆盖至少1个物流服务节点（邮局/快递网点）。本研究通过高德POI数据，统计自然村方圆1公里范围内是否有邮局或物流速递网点，进而获得特定区域的15分钟物流服务圈覆盖率。

四 关键性指标基本具备目标值

（一）"自然村到最近县城的绕行系数"目标值1.4

《城市道路交通规划设计规范》（GB50220-95）规定"公共交通线路非直线系数不应大于1.4"。该国家标准于1995年实施，2019年废止，它发挥作用的24年正是我国城市建设高速发展的阶段，而我国乡村建设进展滞后于城市建设，故这个已经废止的城市道路交通规划指标对于我国当前的乡村建设仍有一定借鉴意义。线路非直线系数是指公共交通线路首末站之间实地距离与空间直线距离之比，若村庄到最近县城只有一条公交线路，则"自然村到最近县城的绕行系数"与公共交通线路非直线系数便是同一概念，故本研究借鉴 1.4 作为"自然村到最近县城的绕行系数"的目标值，该指标为逆向指标。

（二）"村庄供水普及率"目标值99%

水利部联合国家发展改革委、财政部、人力资源和社会保障部、生态环境部、住房和城乡建设部、农业农村部、国家卫生健康委、国家乡村振兴局等有关部门印发的《关于做好农村供水保障工作的指导意见》指出，到 2025 年，全国农村自来水普及率达到 88%，到 2035 年，农村供水工程体系、良性运行的管护机制进一步完善，基本实现农村供水现代化。近期，各地农村供水高质量发展规划陆续出炉，河南省、四川省分别计划到 2035 年全省农村自来水普及率达到 100%、97%；新疆计划 2030 年全区农村自来水普及率达到 99.6%，规模化供水工程覆盖农村人口比例达到 91.5%；浙江省则在集中式供水工程已全面实现 24 小时供水的基础上，提出到 2035 年，规模化供水工程覆盖率提高至 92%。"村庄供水普及率"是《中国城乡建设统计年鉴》中使用的指标，指由集中供水设施供给生活用水的人口数占常住人口的比例，是比"农村自来水普及率"和"规模化供水工程覆盖率"更基础的一个指标。当前江苏省以 98.36% 的"村庄供水普及率"位居全国第一，参考发达地区现状值，并结合各省农村供水高质量规划目标，本研究将"村庄供水普及率"目标值设定为 99%。

（三）"农村电网供电可靠率"目标值99.85%

2023 年，国家发展改革委、国家能源局、国家乡村振兴局联合发布《关于实施农村电网巩固提升工程的指导意见》，明确到 2025 年，东部地区农村电网供电可靠率不低于 99.94%，中西部和东北地区不低于 99.85%。综合考虑现有水平、增长趋势及农村居民对停电时间的接受程度，本研究将"农村电网供电可靠率"99.85%作为基本具备现代生活条件的目标值。

（四）"村庄燃气普及率"目标值60%

农村煤改气是不可逆转的大趋势，但2022年我国村庄燃气普及率只有39.93%，村庄燃气普及率最高的省份为江苏（87.5%），最低的是青海（4.6%），二者相差极大。本研究将国务院发展研究中心农村经济研究部课题组在构建适合新发展阶段的农业农村现代化评价体系时设定的2035年农村燃气普及率目标值（60%）[1] 作为该指标基本具备现代生活条件的目标值。

（五）"宽带服务可负担性"目标值2%

该指标引用自ITU，ITU的ICT价格监测计划是对全球（包括近200个经济体）网络的可负担性状况最全面、最及时的评估。在低收入国家，10 GB的数据移动订阅消耗的月收入相当于月收入的1/4。ITU宽带委员会确定的可负担性目标为"入门级宽带服务成本不应超过人均月收入的2%"，移动宽带和固定宽带套餐均采用此标准。截至2023年，已有114个经济体实现该目标。因我国农村地区使用移动宽带和固定宽带相结合的融合套餐的人数较多，本研究用入门级融合套餐的价格来表征我国农村地区ICT价格，继续采用2%作为可负担性目标值。因融合套餐价格通常高于单移动宽带或单固定宽带的价格，故宽带服务可负担性2%的目标值实际高于ITU的可负担性标准。

---

① 国务院发展研究中心农村经济研究部课题组、叶兴庆、程郁等：《新发展阶段农业农村现代化的内涵特征和评价体系》，《改革》2021年第9期，第1~15页。

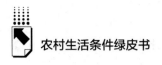

（六）"15分钟物流服务圈覆盖率"目标值40%

经高德 POI 数据和 GIS 工具统计，全国各省（自治区、直辖市）"15 分钟物流服务圈覆盖率"范围为 3.69%～59.68%，跨度较大，均值为 14.75%，中位数为 9.56%，小于 10% 的省份有 14 个。上海市以 59.68% 的覆盖率处于全国最高水平，这有赖于上海市 2021 年启动的乡村社区生活圈规划建设行动；北京、天津两直辖市以 43.84%、43.71% 的覆盖率分列第二、第三位；全国其他各省级行政单位的覆盖率则在 3.69%～26.34% 区间，与前三名差距较大。沪京津覆盖率已达 40% 以上，说明该目标在发达地区已具备可行性，对标领先地区，本研究将 40% 作为 15 分钟物流服务圈覆盖率指标的全国标杆。

五　农村基础设施完备度发展格局

（一）有3个直辖市农村基本具备现代基础设施条件，但整体水平偏低

根据农村基础设施完备度评价结果，我国除港澳台以外的 22 个省、5 个自治区和 4 个直辖市里，仅有上海市达到了"已经具备阶段"；北京、天津两个直辖市达到"基本具备阶段"；而其他省份仍处于"尚未具备阶段"，表明农村基础设施水平尚有较大提升空间。以其中 10 个省份为例（见表 2），上海处于"已经具备阶段"，天津、北京处于"基本具备阶段"，而江苏、浙江、山东、河北、广东、海南、福建等仍处于"尚未具备阶段"。

表2 我国农村基础设施现代生活条件测度（部分省份）

已经具备阶段	基本具备阶段		尚未具备阶段						
上海	天津	北京	江苏	浙江	山东	河北	广东	海南	福建

（二）农村基础设施建设地区差异显著，西部地区短板明显

农村基础设施的现代化建设水平呈现显著的区域差异，东部地区整体水平明显高于中部、西部以及东北地区，特别是东部沿海地区农村基础设施完备度普遍较高。中部地区测度结果稍好于西部和东北地区，但距离"基本具备阶段"仍有较大提升空间。西部地区得分普遍较低，成为全国农村基础设施完备度的短板区域，显示出地形复杂、经济基础薄弱等因素对农村基础设施建设的制约。要实现2035年农村基本具备现代生活条件的目标，亟须进一步加快欠发达地区农村基础设施建设步伐。

（三）农村道路与饮水设施条件相对较好，基础保障逐步完善

从全国范围来看，道路通达和饮水安全是农村基础设施建设中表现较好的领域，超过一半的省份已经进入"基本具备阶段"或"已经具备阶段"。道路通达方面，虽然有些省份的交通条件还不够完善，但整体上已经达到了较高水平：进入"已经具备阶段"和"基本具备阶段"的省份分别为15个、10个，二者合计占比约为80.6%，主要集中在中东部和部分西部改善显著的省份，如北京、福建、甘肃、广西等；有6个省份处于"尚未具备阶段"，集中在西部山区，说明复杂的地理条件对农村道路建设仍有一定限制。饮水安全方面，18个省份处于"基本具备阶段"，占比约为58.1%，主要分布

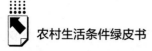

在东部和西部地区；13 个省份处于"尚未具备阶段"，多集中在西部地区，如贵州、青海、甘肃等。西部地区的情况较为极端，一部分省份已进入"基本具备阶段"，但饮水安全问题仍是中西部地区改善民生的重要任务。

（四）生活能源、网络通信、寄递物流为农村基础设施短板

生活能源、网络通信和寄递物流仍是农村基础设施的关键短板领域。能源清洁方面，8 个省份处于"已经具备阶段"，3 个省份处于"基本具备阶段"，合计占比仅为 35.5%，且集中于东部沿海省份；超过六成省份处于"尚未具备阶段"，表明农村地区清洁能源的普及率和可靠率亟须提高。网络可及方面，仅有 1 个省份进入"已经具备阶段"，其余 30 个省份均处于"尚未具备阶段"，本报告将宽带服务可负担性作为网络基础设施重要评价内容，该结果表明农村网络通信资费还有待进一步降低。物流便捷方面，上海、北京、天津 3 个直辖市进入"已经具备阶段"，其余 28 个省份均处于"尚未具备阶段"，这表明，农村物流末端配送体系发展不均衡，偏远农村地区的物流覆盖范围亟须扩大、服务效率亟须提升。

G.4
农村公共服务便利度评价指标体系
与测度结果

赵一夫 常 明 周向阳*

摘 要： 本报告构建了基于教育便利、养老便利、医疗便利和便民便利四大领域的农村公共服务便利度评价指标体系，从距离、覆盖率、人数等维度全面衡量我国农村公共服务的发展格局与区域差异。测度结果显示，我国农村公共服务水平仍有很大进步空间，上海已经具备现代公共服务条件，但其余评估省份均处于尚未具备阶段。分指标来看，便民便利达到且超过基本具备阶段的省份最多，平均得分也最高，医疗便利平均得分次之，教育和养老便利平均得分最低。从区域差异的视角看，呈现出东部高、西部低的阶梯形态。

关键词： 农村公共服务 教育公平 农村养老 卫生医疗 便民服务

一 概念内涵

农村公共服务是指在新时代，我国农村地区优化教育、卫生医

---

* 赵一夫，中国农业科学院农业经济与发展研究所研究员，主要研究方向为农业经济管理；周向阳，中国农业科学院农业经济与发展研究所副研究员，主要研究方向为农业经济管理；常明，中国农业科学院农业经济与发展研究所副研究员，主要研究方向为农业经济管理。

疗、养老等重点公共事业服务供给，为农民群众参与社会经济、政治、文化活动等提供的基础保障和便利条件。公共服务突出全社会共同参与、合作、推动，积极发挥政府的服务性，有效增进农民群众的权利。

可以从 3 个视角诠释农村公共服务便利度。第一，农村公共服务的可及程度。我国农村地区空间广阔、居住分散，特别是中西部地区和一些偏远山区，农民难以有效获得公共服务。第二，农村公共服务的标准化程度。农村养老、卫生医疗、教育设施、公共文化的完善程度，以及与城市水平接近程度，直接影响缩小城乡差距的效果。第三，农村公共服务的配置优化程度。一些人口数量相对较多的农村地区，养老、卫生医疗、教育、公共文化设施供给数量与农村居住人口数量的匹配情况决定便利度，便利度不够高意味着应兴建更多的设施。一些人口相对较少的农村地区，追求较高的便利度，可能存在养老、卫生医疗、教育、公共文化设施供给数量过多，造成一定闲置、浪费。

二　理论框架

在研究农村公共服务便利度时，本课题选择使用"生活圈"理论作为理论框架。生活圈是指居民实际生活所涉及的一定区域，是居民生活中心地区和周边地区根据居民的自我发展意志、居民之间以及居民与其他主体开展协作形成的圈域。生活圈涉及地理学、规划学、公共管理学等多门学科理论，强调在空间范围内，可以满足城乡居民全生命周期工作与生活等各类需求的基本单元。

"生活圈"概念起源于日本。1969 年，日本的"第三次全国综合开发规划"中提出"地方生活圈"和"定住圈"两个概念，这两个概念测度居民的日常生活需求，再进行空间规划，最终达到促进城乡协调发展。"生活圈"概念兴起后,也被韩国所学习借鉴。韩国借鉴日本学者的"分级理论",将传统的"居住区—小区—组团"的组织模式转变为"大—中—小生活圈"的层级形式。随着城乡融合发展,国内很多学者将"生活圈"理论用于研究村镇公共服务设施配给问题。由于"生活圈"理论强调农民群众出行的距离和范围,也可以将这一距离和范围折算成居民出行意愿付出的最大时间成本。农民群众意愿付出的时间成本越低、空间距离越近,其获得公共服务的便利度也就越高。"生活圈"理论体现了丰富的人本思想。"生活圈"理论的核心围绕人对各类公共服务的需求,划分出从提供基本公共服务到提供高等级公共服务的生活圈层,体现了由简单到复杂、由近及远的社会发展规律,为农村社会公共服务规划、布局优化等提供了理论指南。

值得注意的是,农村公共服务便利度明显受到如下4项因素的影响。第一,空间因素。单位面积内,农村地区养老、卫生医疗、教育设施的布局直接关系到农村公共服务的便利度。距离是衡量农村地区养老、卫生医疗、教育设施布局最为直接的因素。第二,人口因素。农村人口越多,对公共服务的需求总量越多,需要政府提供的公共服务数量也就越多。养老、卫生医疗、教育设施(养老床位、病床、学位等具体数量)同养老服务人员、医师、教师与人口需求之间的比例关系应当协调,且逐渐与城市缩小差距。第三,资源配置因素。各级财政等资金对农村养老、卫生医疗、教育支出保障水平越高,农村公共服务便利度就越高。第四,政策因素。除了城乡公共服务差距之外,我国地区差距比较大,东中西部公共服务水平不等。国家对中西部进行财政转移性支付,实行倾斜政策,有利于提高中西部地区农村公共服务便利化程度。

由此,产生对农村公共服务便利度测度的三类指标。①反映密度的指标。如农村地区单位面积内拥有公共服务设施的数量，农村居民到达养老、卫生医疗、教育、文化设施的距离或使用交通工具到达的时间等。②反映强度的指标。如农村地区单位面积内拥有的养老床位、病床、学位、文化场所等具体数量与农村常住人口之比，在校师生比等。③反映效率的指标。如公共财政对农村养老、卫生医疗、教育、公共文化设施的总投入、人均投入、单位面积投入等指标。

三　评价指标体系

基于农村公共服务便利度的概念诠释和已有研究，本研究构建了"教育便利"、"养老便利"、"就医便利"和"便民便利"共4个二级指标。

"教育便利"能够有效提高学生的学习效率和教育资源的利用效率，是教育公平的体现。农村学校距离适度，能够避免生源过少造成的资源闲置浪费，节约农村学生学习时间成本，减少交通意外等安全隐患。

"养老便利"作为评价指标，有助于推动农村养老服务与城市养老服务在质量和可及性上的趋同，包括基本的生活照料、医疗保健、精神慰藉等。这有助于满足农村老年人的基本需求，提高他们的生活质量，促进农村社会和谐稳定。

"就医便利"是衡量医疗服务可及性的重要指标，意味着农村居民在就医过程中能够享受到更加高效的服务，可以有效缩短农村居民的候诊时间和诊疗时间，减少其就医交通成本和时间成本。同时，就医便利还代表着城乡之间的医疗资源共享和优化配置，是农村医疗服务的整体水平和效率提高的结果。

"便民便利"体现了以人民为中心的发展思想，邮政、物流和信息等综合服务能极大地提高农村居民的日常生活质量,其在农村地区的普及程度可以衡量公共服务均等化的水平。

本研究在构建农村公共服务便利度二级指标体系的基础上,进一步构建了6个三级指标。

1. 教育便利

本部分设置了2个评价指标,分别为"农村小学可达性"和"农村初中可达性"。

"农村小学可达性"和"农村初中可达性"采用各自然村中心点与最近小学、初中平均道路距离。数据来源为高德POI数据。

2. 养老便利

本部分设置了1个评价指标,为"农村养老机构设施覆盖率"。

"农村养老机构设施覆盖率"通过农村养老机构设施数量与行政村数量的比值衡量。上述指标可从《中国农村统计年鉴》和《中国民政统计年鉴》获取省级面板数据。

3. 就医便利

本部分设置了2个评价指标,为"农村每千人执业医师指数"和"农村每千人注册护士指数"。

"农村每千人执业医师指数"和"农村每千人注册护士指数"通过农村执业医师数和农村注册护士数与农村居民人数的比值衡量。上述指标可从《中国农村统计年鉴》和《中国社会统计年鉴》获取省级面板数据。

4. 便民便利

本部分设置了1个评价指标,为"村级综合服务站点覆盖率"。

"村级综合服务站点覆盖率"通过农村社区综合服务站点数量与行政村总数的比值来衡量。上述指标可从《中国农村统计年鉴》和《中国社会统计年鉴》获取省级面板数据。

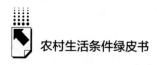

表1　农村公共服务便利度系统性指标

一级指标	二级指标	三级指标	指标解释	数据来源	备注
农村公共服务便利度	教育便利	农村小学可达性	各自然村中心点与最近小学平均道路距离	高德POI数据	关键性指标
		农村初中可达性	各自然村中心点与最近初中平均道路距离		关键性指标
	养老便利	农村养老机构设施覆盖率	农村养老机构设施数量/行政村数量×100%	《中国农村统计年鉴》《中国民政统计年鉴》	关键性指标
	就医便利	农村每千人执业医师指数	农村执业医师数/农村居民人数×1000	《中国农村统计年鉴》《中国社会统计年鉴》	关键性指标
		农村每千人注册护士指数	农村注册护士数/农村居民人数×1000		关键性指标
	便民便利	村级综合服务站点覆盖率	农村社区综合服务站点数量/行政村总数×100%	《中国农村统计年鉴》《中国社会统计年鉴》	关键性指标

四　关键性指标基本具备目标值

（一）"农村小学可达性"和"农村初中可达性"目标值3公里和4公里

《关于制定义务教育办学条件标准、义务教育实施步骤和规划统计指标问题的几点意见》规定中小学生居住地与学校距离原则上应在3公里以内。《广州市义务教育学校招生工作指导意见》规定学生居住地与小学和初中的距离原则上在3公里和5公里以内。《重庆市义务教育阶段学生学籍管理办法》规定农村镇（乡）、村小学低中年级就学单程为2.5公里，高年级为5公里。《关于做好2009年成都市小学一年级新生入学工作的通知》规定，各区（市）县教育行政部门要切实保证本区域农村适龄儿童入学原则上不超过3公里。《山西省义务教育学校办学基本标准（试行）》规定学生上下学时间原则上步行单程不超过40分钟（3~4.5公里）。《关于印发新疆生产建设兵团义务教育学校办学基本标准的通知》规定入学半径小学不超过3公里，初中不超过5公里。《吉林省义务教育学校办学基本标准》规定小学和初中的入学半径分别为2公里和3公里左右。长期以来农村教育相对薄弱，上学不便利是突出问题之一，制约着乡村教育事业的发展。随着国家对乡村振兴、教育公平越发重视，提升农村教育便利度成为关键着力点。推动农村教育便利程度提升，有助于改变城乡教育资源不均衡的现状，避免因生源过少造成资源闲置浪费，节约农村学生学习时间成本，减少交通意外等安全隐患。综合各地典型城市义务教育标准，本研究将3公里和4公里作为"农村小学可达性"和"农村初中可达性"的目标值，用来衡量农村教育是否基本具备现代生活条件。

（二）"农村养老机构设施覆盖率"目标值80%

2024年民政部联合中央精神文明建设办公室、农业农村部等部门印发的《关于加快发展农村养老服务的指导意见》要求，省域内总体乡镇（街道）区域养老服务中心服务覆盖率不低于60%。辽宁省人民政府办公厅印发的《辽宁省"十四五"促进养老托育服务健康发展实施方案》提出，到2025年底农村养老服务设施覆盖率达到80%。2024年12月30日，《中共中央、国务院关于深化养老服务改革发展的意见》发布，提出"到2035年，养老服务网络更加健全，服务供给与需求更加协调适配，全体老年人享有基本养老服务"。传统的家庭养老模式随着年轻劳动力外流等因素面临诸多挑战，农村老年人的生活照料、医疗护理、精神慰藉等需求难以得到充分满足，需要加强农村养老服务设施供给。截至 2023 年底，广东农村地区养老服务设施覆盖率已达到 71%，内蒙古村级养老服务设施覆盖率为 44.5%，结合各地推进情况和国家战略目标，本研究将 80% 作为"农村养老机构设施覆盖率"的目标值，用来衡量农村养老是否基本具备现代生活条件。

（三）"农村每千人执业医师指数"和"农村每千人注册护士指数"目标值3.4人和4.0人

2023 年末全国共有执业（助理）医师 478.2 万人，每千人口执业（助理）医师为 3.4 人，每千人口注册护士数为 4.0 人。2024 年，国务院办公厅印发《深化医药卫生体制改革 2024 年重点工作任务》，提出进一步提高乡村医生队伍中执业（助理）医师占比。相较于城市，农村地区难以吸引和留住足够数量的医师与护士，导致很多农村居民面临看病难的困境，农村医疗服务的可及性和质量都亟待提升。农村医疗服务标准可借鉴全国城乡医疗平均医护配置水平。达到上述人员配置标准，意味着农村医疗服务将有坚实的人力保障，能够让农村居民在家门口享受到更全面、更专业的医疗服务，有利于促进城乡医疗资源的均衡化发展，缩小城乡医疗服务差距，保障广大农村群众能公平享受到国家医疗卫生事业发展带来的福祉。因此，本研究将 3.4 人和 4.0 人作为"农村每千人执业医师指数"和"农村每千人注册护士指数"的目标值，用来衡量农村医疗是否基本具备现代生活条件。

（四）"村级综合服务站点覆盖率"目标值100%

依据民政部等 16 部门印发的《关于健全完善村级综合服务功能的意见》，到 2025 年，村级综合服务设施覆盖率要达到 80%。2023 年，重庆市新建或改扩建城乡社区综合服务设施 1239 个，村（社区）综合服务设施实现全覆盖。根据 2022 年《安徽省"十四五"城乡社区服务体系建设规划》，到 2025 年，安徽省城乡社区综合服务设施覆盖率预期达到 100%。过去农村地区的公共服务虽有一定发展，但村级综合服务设施建设仍存在短板，农村居民难以像城镇居民一样便捷地享受文化娱乐、便民办事等综合服务，制约了农村整体发展与村民生活质量的提高。综合各地实践情况，到 2035 年，各地村级综合服务设施覆盖率有望达到 100% 的目标。首先，这能极大改善农村公共服务的供给状况，让村民可以在村里就近办理政务事项、参与文化活动等，切实提升生活的便利性与舒适度。其次，这有助于促进乡村的社会治理，增进村民之间以及村民与村集体的互动交流，让乡村治理更高效有序。基于此，本研究将 100% 作为"村级综合服务站点覆盖率"的目标值，用来衡量农村便民服务是否基本具备现代生活条件。

五　农村公共服务便利度发展格局

（一）全国有1个市基本具备农村现代公共服务条件

在我国农村基本具备现代公共服务条件评估中，上海市处于已经具备阶段，其余 30 个省级行政区均处于尚未具备阶段，其中天津、浙江、广东、湖南、江西位于尚未具备的省份前列（见表 2）。综合来看，我国农村公共服务便利度仍有较大的提升空间。

表 2　农村现代公共服务发展水平测度（部分省份）

已经具备阶段	尚未具备阶段
上海	天津、浙江、湖南、江西、广东、江苏、福建、河北、山东

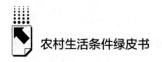

（二）教育、养老便利是农村公共服务发展中急需提高的短板

分指标来看，便民便利达到且超过基本具备阶段的省份最多，就医便利指标其次，养老便利和教育便利达到且超过基本具备阶段的省份最少且各省平均得分最低。便民便利方面，处于基本具备阶段的省份有 19 个，处于尚未具备阶段的省份有 12 个，处于基本具备阶段的省份占比达到 61.3%。就医便利方面，基本具备的省份有 2 个，尚未具备的省份有 29 个，但省份间差异较小，平均得分相对较高，为 71.4 分。养老便利方面，5 个省份处于已经具备阶段，3 个省份处于基本具备阶段，尚未具备阶段的省份有 23 个，但是省际差异很大，平均得分仅 59.7 分。教育便利方面，3 个省份处于已经具备阶段，1 个省份处于基本具备阶段，27 个省份处于尚未具备阶段，平均得分仅 55.7 分。

（三）中国农村公共服务发展水平呈现出东部高、西部低的阶梯形态

分区域来看，东部地区农村公共服务发展水平在四个分区中排名最高，农村公共服务便利度平均分值为 84.5 分，处于已经具备阶段的省份位于东部地区。中部地区排名次之，平均分值为 73.5 分。东北地区排名第三，平均分值为 61.6 分。西部地区农村公共服务发展水平在四个分区中排名最低，平均仅有 51.5 分。

G.5
农村人居环境舒适度评价指标体系与测度结果

耿兵　朱洁　刘丽媛　高艺*

摘　要：　本研究基于厕所卫生、垃圾治理、污水管控和环境优美四个方面构建了农村基本具备现代人居环境条件的理论框架并建立了包括 4 个二级指标和 4 个关键性三级指标的农村基本具备现代人居环境条件评价指标体系。在科学合理设定评价指标基本具备目标值的基础上，研究了我国农村人居环境舒适度发展格局，结果显示我国有 7 个省级行政区已处于"基本具备阶段"，占比为 22.6%；其他 24 个省级行政区处于"尚未具备阶段"，占比为 77.4%，无处于"已经具备阶段"的省级行政区；东部地区农村人居环境发展水平高于中部、西部和东北地区。

关键词：　农村人居环境舒适度　厕所卫生　垃圾治理　污水管控

---

* 耿兵，中国农业科学院农业环境与可持续发展研究所研究员，主要研究方向为农村人居环境；朱洁，中国农业科学院农业环境与可持续发展研究所副研究员，主要研究方向为农村人居环境；刘丽媛，中国农业科学院农业环境与可持续发展研究所助理研究员，主要研究方向为农村人居环境；高艺，农业农村部成都沼气科学研究所助理研究员，主要研究方向为农村人居环境。

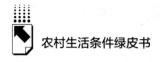

一　概念内涵

　　20 世纪 50 年代，希腊学者 Doxiadis 首次提出"人类聚居学"概念，他认为应将聚落、农村、城镇、城市等人类聚居区视为一个整体进行研究①。此后，国外学者对人居环境的研究主要聚焦于城市人居环境规划与设计②、城市与农村的可持续发展③、城乡地区空气质量④、城乡住房条件⑤、城乡供水条件⑥、农村发展转型⑦等方面。20 世纪 90 年代吴良镛院士率先将"人居环境"理论引入中国，并构建了人居环境研究框架，而后国内学者逐渐对人居环境展开诸多探讨。

---

① Doxiadis C. A. , "Action for Human Settlements", *Ekistics*, 1975, 40 (241): 405-448.

② Shefer D. , Amir S. , Frenkel A. , et al. , "Generating and Evaluating Alternative Regional Development Plans", *Environment and Planning B: Planning and Design*, 1997, 24 (1): 7-22.

③ Li Y. F. , Huang Z. W. , Li Y. H. , et al. , "Research on the Long-term Governance Mechanism of Urban and Rural Living Environment Based on the Ordered Logistic-ISM Model in the Perspective of Sustainable Development", *International Journal of Environmental Research and Public Health*, 2022, 19 (19): 12848.

④ Mues A. , Manders A. , Schaap M. , et al. , "Differences in Particulate Matter Concentrations Between Urban and Rural Regions under Current and Changing Climate Conditions", *Atmospheric Environment*, 2013, 80: 232-247.

⑤ Savchenko A. , Borodina T. , "Rural Architectural and Planning Forms as A Source of Diversity for Urban Environment (case study of Moscow)", *European Countryside*, 2017, 9 (3): 560-576.

⑥ Ding Y. , Zhang S. Q. , Xu R. F. , et al. , "The Coupling Coordination Measurement, Spatio-temporal Differentiation and Driving Mechanism of Urban and Rural Water Poverty in Northwest China", *International Journal of Environmental Research and Public Health*, 2023, 20 (3): 2043.

⑦ Keyder Ç. , Paths of rural transformation in Turkey, The Journal of Peasant Studies, 1983, 11 (1): 34-49.

在此基础上,以李伯华等学者为代表,概括性地将农村人居环境定义为农村人文环境、地域空间环境和自然生态环境所构成的一个有机整体,是农村地域内居民日常生活生产所需物质与非物质有机组合而成的复杂系统。比较观之,与学术界概括性的内涵定义不同,我国政策界对农村人居环境定义则更具象化。2021 年,住房和城乡建设部等部门在《关于推动农村人居环境标准体系建设的指导意见》中提出了农村人居环境建设的标准体系,首次从政府视角建立起农村人居环境治理内容的标准体系,主要包括综合通则、农村厕所、农村生活垃圾、农村生活污水、农村村容村貌五个方面。

基于以上分析,本研究对农村人居环境舒适度定义如下:适应农村现代化要求,能为广大农村居民提供厕所卫生、垃圾治理、污水管控和环境优美的生活空间,可实现农村绿色低碳发展。党中央、国务院特别重视农村人居环境治理并提出了相应要求,因此,解析农村基本具备现代人居环境条件的内涵,不断提升农村人居环境质量,对于实现农村基本具备现代生活条件的任务目标意义重大。

二 理论框架

社会各界及学术界尚未形成对"人居环境舒适度"的广泛共识,也缺乏成熟的理论体系和标准规范。本课题从国内外已有研究出发,以实现"到 2035 年农村基本具备现代生活条件"为目标,提出农村基本具备现代人居环境条件的理论框架应当包括厕所卫生、垃圾治理、污水管控和环境优美四个方面。

厕所卫生。尽管 2024 年我国城市化率已达 67%,仍然有大量人口居住在农村地区。农村地区的公共卫生设施相对落后,传统的农村厕所多为非水冲式,不仅不便民生,还容易成为病原体的传播源,影响居民的健康。排泄物带来的感染除了对个人和家庭造成健康问题,还会引发经济负担。改善卫生条件，减少疾病发生，可以减少居民的医疗支出，提高家庭的经济安全性和整体福祉。2017 年，习近平总书记先后两次就厕所革命作出重要指示，中国农村的厕所革命由此进入新的时代。作为提高农村人居环境的重要组成部分，厕所革命与中国全面建成小康社会的目标紧密相关。而且，卫生设施的改善尤其对农村妇女、儿童和老年人有显著帮助。

垃圾治理。近年来，农民生活水平不断提高，农村生产生活方式发生了翻天覆地的变化，但"垃圾围村""垃圾围坝"问题日益凸显，这就增加了农村生活垃圾治理工作的开展难度。农村地区生活垃圾的处理和治理不仅关系到农村的生态环境和农民的生活质量，也影响到全国的生态文明建设和可持续发展。国家也适时提出了"美丽中国"和"绿水青山就是金山银山"的理念，将其确立为新时期社会发展的重要方向。实现这一目标，关键在于加强环境保护，特别是农村地区的环境治理。因此，需要积极开展农村生活垃圾处理工作，以有效应对农村地区的环境污染问题，进而推动农村的可持续发展，让广大农民群众切实感受到发展带来的实实在在的福祉。

污水管控。农村地区的经济和社会发展以及人们生活水平的提高，导致农村地区污水处理量增加。由于缺乏适当的污水收集和处理设施，农村地区的生活污水往往未经处理或处理不善便流入地表水体，部分渗入地下，影响了村民的生活质量，从而限制了区域经济的发展。农村生活污水的无序处理严重阻碍了乡村振兴战略的实施，大大降低了农民的幸福指数，不利于加快城市化进程，因此，农村生活污水的治理是必不可少的。这些生活污水会对环境和人类健康造成严重危害。因此，农村生活污水的收集和处理已成为我国农村人居环境治理工作的重要内容之一。由于农村和城市人口在生活方式和经济水平上的不同，农村生活污水的组成、水量和水质以及排放方式都与城市污水存在一定的差异。农村生活污水的水量特点表现为生活污水总量大，但个体排放量相对较小；变化系数大，变化幅度大。

环境优美。保护环境就是保护生产力，优美的自然风光、肥沃的土壤、丰富的物种资源不仅是农村可持续发展最大的资本，也是农村可持续发展的核心力量。乡村振兴内容包含多个方面。生态是乡村振兴战略中的关键一环，满足优美生态环境需要是生态文明建设中尤为重要的一项重大工程。当前，我国农村地区面临垃圾污染、水资源污染、土地污染等生态问题，已经对乡村振兴产生了不利影响。因此，只有大力满足农民的优美生态环境需要，才能推动农村经济与满足农民的优美生态环境需要齐头并进，使良好生态环境成为乡村振兴支撑点。

三　评价指标体系

基于对农村基本具备现代人居环境条件的理论内涵分析，本课题构建了农村基本具备现代人居环境条件的评价指标体系，包含"厕所卫生"、"垃圾治理"、"污水管控"和"环境优美"4个二级指标。

"厕所卫生"是指厕所有墙、有顶、有门，厕屋清洁、无臭，粪池无渗漏、无粪便暴露、无蝇蛆。要加强厕所的日常管理和维护，保持清洁卫生。粪便要无害化处理并有效杀灭粪便中致病细菌和寄生虫，使病原体失去传染性，防止蚊蝇蛆滋生，减少肠道传染病与寄生虫病传播流行。厕所黑水应通过下水管道进入集中污水处理系统，不污染周围环境和水源。

"垃圾治理"就是开展垃圾分类教育，引导农民将垃圾分类投放，将已分类的垃圾进行收集和转运。对于可回收物，可以进行回收加工再利用，减少资源浪费。有害垃圾则需要进行专门的处理，确保不对环境和健康造成危害。湿垃圾可以进行有机肥料生产，用于农田施肥，而干垃圾则可以进行填埋或焚烧处理。

"污水管控"是指根据污水去向及治理覆盖规模，通过纳入城镇污水管网、集中处理和分散处理等途径进行处理和利用。其中，纳入城镇污水管网处理模式适用于临近城镇污水处理厂站、经济条件较好、能直接接入市政污水管道的城市近郊村庄。集中处理模式主要适用于污水排放量大、人口密度大、远离城镇或现有城镇污水处理厂的地区。农村分散处理模式主要指单户或几户采用小型生活污水处理设施或自然处理利用。

"环境优美"就是加强乡村自然生态理念教育宣传，提升乡村居民的自然生态文明意识、责任意识、保护意识，保护自然生态系统。建立农村环境污染治理长效机制，切实构建村、人、田和谐共生的自然生态体系。

在 4 个二级指标下设置 8 个三级指标（见表 1）。

表 1　农村基本具备现代人居环境条件的评价指标体系

一级指标	二级指标	三级指标	指标单位	指标说明	数据来源	备注
农村人居环境舒适度	厕所卫生	农村卫生厕所普及率	%	厕所粪污无害化处理量（吨）/厕所粪污总量（吨）	统计年鉴、互联网、新闻媒体等公开渠道	关键性指标
		厕所粪污资源化利用率	%	厕所粪污资源化利用量（吨）/厕所粪污总量（吨）	调研数据	
	垃圾治理	农村生活垃圾治理率	%	生活垃圾无害化处理量（吨）/生活垃圾总量（吨）	统计年鉴、互联网、新闻媒体等公开渠道	关键性指标
		农村生活垃圾资源化利用率	%	生活垃圾资源化利用量（吨）/生活垃圾总量（吨）	调研数据	

一级指标	二级指标	三级指标	指标单位	指标说明	数据来源	备注
农村人居环境舒适度	污水管控	农村生活污水治理（有效管控）率	%	生活污水治理（有效管控）量（吨）/生活污水总量（吨）	统计年鉴、互联网、新闻媒体等公开渠道	关键性指标
	环境优美	黑臭水体占比	%	黑臭水体面积（平方米）/水域面积（平方米）	调研数据	
		空气质量指数优良天数占比	%	空气质量指数优良天数（天）/365（天）	公报数据	
		植被覆盖度		植被指数（NDVI）	遥感数据	关键性指标

（一）厕所卫生

本部分从农村卫生厕所普及和厕所粪污资源化利用两个方面设置2个评价指标，分别为"农村卫生厕所普及率"和"厕所粪污资源化利用率"。

"农村卫生厕所普及率"可以体现村庄整体卫生情况以及粪污无害化处理情况。农村传统旱厕是农村常见传染病传输的主要渠道，卫生厕所改造可以避免传染病在农村地区传播。

"厕所粪污资源化利用率"体现了对厕所粪污有效管理，避免产生环境污染的基本情况。厕所粪污含有大量的氮磷资源，同时也含有有害微生物和虫卵，只有经过无害化处理之后才可以还田利用。厕所粪污资源化利用除了可以减轻对环境介质的污染，还可以促进农业化肥减施以及农业绿色发展。

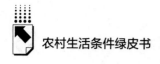

（二）垃圾治理

本部分从农村生活垃圾治理和农村生活垃圾资源化利用两个方面设置 2 个评价指标，分别为"农村生活垃圾治理率"和"农村生活垃圾资源化利用率"。

"农村生活垃圾治理率"可以体现农村生活垃圾无害化处理基本情况。农村生活垃圾处理处置不当，容易产生水、土、空气等环境污染问题。其中一些有毒有害垃圾存在威胁农村居民身体健康的风险。

"农村生活垃圾资源化利用率"体现了对农村生活垃圾再利用、避免产生环境污染的基本情况。农村具有广大的农业、农田资源，可以结合实际情况开展农村生活垃圾资源化利用，避免垃圾大规模收集转运增加处理和转运成本。农村生活垃圾中的可腐熟垃圾经过堆肥、发酵处理之后可以转化成肥料、饲料等资源。一些可再生垃圾通过回收处理可以增加农民收入。

（三）污水管控

本部分设置 1 个评价指标，为"农村生活污水治理（有效管控）率"。

"农村生活污水治理（有效管控）率"体现了对农村厕所黑水及生活灰水有效管理，避免产生环境污染的基本情况。农村生活污水既包括水资源，也含有氮、磷等营养资源，经过有效处理，达到各地方排放标准之后可以排放，同时也可以结合当地农业资源情况开展就近就农资源化利用。

（四）环境优美

本部分从农村水环境、空气质量和植被覆盖情况三方面设置了 3

个评价指标，分别为"黑臭水体占比"、"空气质量指数优良天数占比"和"植被覆盖度"。

"黑臭水体占比"反映了村庄整体水环境质量。黑臭水体治理是农村生活污水治理"三基本"目标的主要内容之一。黑臭水体的存在一定程度上降低了农村人居环境质量，影响了农村居民日常生活。

"空气质量指数优良天数占比"反映了村庄空气质量。空气环境质量与农村居民的身体健康有直接关系。优良天气比例在一定程度上反映了村庄及所在区域整体空气环境质量。

"植被覆盖度"反映了村庄自然生态环境的基本情况。植物覆盖度可以影响村庄水源涵养能力、排碳固氮能力以及村庄整体景观提升能力。

四　关键性指标基本具备目标值

（一）"农村卫生厕所普及率"、"农村生活垃圾治理率"和"农村生活污水治理（有效管控）率"目标值都为100%

长期以来在"重城镇、轻乡村"的思维定式之下，无论是生态环境保护基础设施，还是基本公共服务，都难以及时、有效地惠及广大农村，造成城乡之间生态环境的巨大差距。党的十八大以来，城乡均衡发展成为新时代发展的目标导向，作为乡村生态振兴重要组成部分的农村人居环境得到高度关注，各种资源要素逐渐向农村倾斜，在一些区域城乡人居环境逐渐实现了均衡发展。基于此，对标城市人居环境舒适度发展水平，本课题将"农村卫生厕所普及率"（%）、"农村生活垃圾治理率"（%）和"农村生活污水治理（有效管控）率"（%）3项关键指标的目标值全部设定为100%。

（二）"植被覆盖度"目标值0.7

植被覆盖度是反映区域生态环境状况的重要指标。在李长江等人关于2001~2022年清水江流域归一化植被指数演变趋势及气候影响因素的研究中，流域大部分区域植被呈良好态势，其NDVI主要为0.6~0.7[1]。宋小龙等人[2]在《西北干旱生态地理区NDVI时空变化特征及其驱动力》中将植被覆盖度分为五个等级，分别为低植被覆盖度（≤0.20）、中低植被覆盖度（0.20~0.40）、中植被覆盖度（0.40~0.60）、中高植被覆盖度（0.60~0.80）、高植被覆盖度（≥0.80）。周兆叶等人在《基于NDVI的植被覆盖度的变化分析——以甘肃省张掖市甘州区为例》一文中认为NDVI大于0.7为较高值[3]。基于此，本研究将农村人居环境舒适度关键性指标"植被覆盖度"的目标值设定为0.7。

五　农村人居环境舒适度发展格局

（一）我国农村人居环境舒适度水平整体较高，7个省市率先进入基本具备阶段

在我国农村人居环境舒适度评价中，除港澳台以外的22个省、5

① 李长江、彭芸、安美运：《2001~2022年清水江流域归一化植被指数演变趋势及气候影响因素》，《水资源开发与管理》，https：//link. cnki. net/urlid/10. 1326. tv. 20250115. 1810. 010。

② 宋小龙、李陇堂、任健、吴月、王鹏、米文宝、马明德：《西北干旱生态地理区NDVI时空变化特征及其驱动力》，《干旱区地理》，https：//link. cnki. net/urlid/65. 1103. X. 20250225. 0901. 001。

③ 周兆叶、储少林、王志伟、陈全功：《基于NDVI的植被覆盖度的变化分析——以甘肃省张掖市甘州区为例》，《草业科学》2008年第12期，第23~29页。

个自治区和4个直辖市里，有7个省级行政区已处于"基本具备阶段"，占比仅为22.6%；其他24个省级行政区处于"尚未具备阶段"，占比77.4%；目前，无处于"已经具备阶段"的省级行政区。以海南、福建和浙江等10个省份为例，海南、福建、浙江、重庆，江苏、天津和山东等7个省级行政区已处于"基本具备阶段"；上海、四川和广东3个省级行政区处于"尚未具备阶段"，表明农村人居环境整治和提升工作仍有空间。

表2　部分省份农村人居环境发展水平测度

基本具备阶段							尚未具备阶段		
海南	福建	浙江	重庆	江苏	天津	山东	上海	四川	广东

（二）农村人居环境舒适度水平地区差异显著，东部地区优势明显

东部地区①农村人居环境发展水平较高，处于"基本具备阶段"的省级行政区为6个，其余4个均处于"尚未具备阶段"。东部地区省份分别在"农村卫生厕所普及率""农村生活污水治理（有效管控）率""农村生活垃圾治理率"等指标上优势明显。西部地区除了重庆市进入"基本具备阶段"，其他11个省级行政区都处于"尚未具备阶段"。中部地区和东北地区所有省级行政区均处于"尚未具备阶段"。

---

① 目前，统计中所涉及东部、中部、西部和东北地区的具体划分为：东部10省（市）包括北京、天津、河北、上海、江苏、浙江、福建、山东、广东和海南；中部6省包括山西、安徽、江西、河南、湖北和湖南；西部12省（区、市）包括内蒙古、广西、重庆、四川、贵州、云南、西藏、陕西、甘肃、青海、宁夏和新疆；东北3省包括辽宁、吉林和黑龙江。

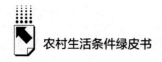

（三）农村生活垃圾治理和环境绿化成效相对显著

从全国范围来看，垃圾治理和环境优美是农村人居环境舒适度评价中实现程度相对较好的指标，平均得分分别为 88.2 和 87.5 分。在垃圾治理方面，有 19 个省级行政区已处于"基本具备阶段"；在环境优美方面，有 12 个省级行政区进入"基本具备阶段"，更有 7 个已经达到"已经具备"标准。

（四）农村生活污水治理（有效管控）是农村人居环境短板

尽管我国在农村人居环境整治提升工作中取得了显著成绩，但是在农村生活污水治理方面还存在不足。数据显示，农村生活污水治理（有效管控）全国平均分仅有 54.9 分，不足 60 分，仅有 6 个省级行政区处于"基本具备阶段"，其他 25 个省级行政区处于"尚未具备阶段"。可喜的是，农村脏乱差的局面得到了根本性扭转，在环境优美方面平均得分为 87.5 分，有 7 个省份处于"已经具备阶段"，有 12 个省份处于"基本具备阶段"，只有 38.7% 的省份还未达到基本具备阶段。

G.6

农村居民生活文明富足评价指标体系与测度结果

韦文珊　陈静　吴永常　张琳*

摘　要： 农村居民生活文明富足的程度，是"三度"现代化进程的直观体现，也是农村生活条件建设的目标，其评价重点在于客观衡量农村居民的生活水平和文明程度。本研究始于内涵解析和理论框架构建，聚焦就地就近就业、物质富裕、精神富足和城乡差距合理四方面构建了包含 4 个二级指标、4 个三级指标的评价指标体系，并合理设定基本具备现代生活条件的目标值。在此基础上，我们利用 2023 年省级数据，对全国 31 个省级行政区开展评价，结果显示：全国平均分值为 76.6 分，浙江省的农村居民生活水平已率先迈入基本具备现代生活条件阶段；从区域分布上看，东部地区农村居民生活文明富足程度远超其他地区；物质富裕程度地域间差异最大，就地就近就业水平省际差异最小；经济收入水平低、精神生活匮乏仍是制约农村居民生活文明富足的短板。

关键词： 就地就近就业　物质富裕　精神富足　城乡差距合理

---

* 韦文珊，中国农业科学院农业经济与发展研究所副研究员，主要研究方向为农业区域发展；陈静，中国农业科学院农业经济与发展研究所研究员，主要研究方向为乡村规划与建设、乡村发展；吴永常，中国农业科学院农业经济与发展研究所研究员，主要研究方向为乡村空间规划和农村信息化工程；张琳，中国农业科学院农业经济与发展研究所副研究员，主要研究方向为农业经济管理。

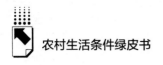

一 概念内涵

共同富裕是人民群众物质生活和精神生活都富裕。农村居民生活富裕是物质生活富裕和精神生活富足的统一体，是提高农民获得感的根本保障。当经济发展水平较为低下时，人们主要追求物质富裕；随着物质生活水平的不断提高，农村居民收入来源趋向多元化，农村居民对美好生活和精神富足的需求也逐渐提升，特别是对幸福感和获得感的关注与日俱增①。

相对于精神生活的内隐性和弥散性，物质生活富裕更为显性并容易量化评估，历来是衡量和评价居民生活水平的核心与关键指标②，通常以农村居民经济收入的增长及消费水平的提升为衡量标准。与精神生活匮乏相对比，精神生活富足是指个体在物质生活基本得到满足、教育体系完善、思想观念和文化认知体系科学合理的背景下，所生成的一种积极向上、开放包容的心理态势，这种态势能够对经济发展和社会进步产生推动作用③。随着城镇化步伐的不断加快，当下农村居民在精神层面上的追求不再局限于文化生活、审美趣味、自我价值实现、科学知识的获取以及群体归属感等方面，他们更加看重能否获得优质的公共文化资源保障以及相对平等的发展机遇。值得注意的是，居民经济收入的差距仍然会对农村居民的主观幸福感与获得感产

---

① 黎丽萍：《新时期对共同富裕内涵的再解读》，《管理学刊》2013 年第 2 期，第 17~20 页。

② 申云、李京蓉：《我国农村居民生活富裕评价指标体系研究——基于全面建成小康社会的视角》，《调研世界》2020 年第 1 期，第 42~50 页。

③ 傅才武、高为：《精神生活共同富裕的基本内涵与指标体系》，《山东大学学报（哲学社会科学版）》2022 年第 3 期，第 11~24 页。

生直接影响①。

　　农村居民生活文明富足的程度，是从生活条件主体角度出发对"三度"现代化水平的综合反馈，是农村基本具备现代生活条件建设的核心目标，其重点是客观衡量农村居民的生活水平和文明程度。农村居民生活文明富足，不仅要求物质上的充裕（即"富口袋"），更强调精神世界的丰富（即"富脑袋"），这意味着城乡生活差距合理缩小，生活品质与社会地位得到实质性提升，农村居民能够在本地享受到与城市接近或相当的经济收益、物质生活条件和公共服务，就地过上幸福生活。

二　理论框架

　　基于上述农村居民生活文明富足的概念阐释，本研究从就地就近就业、物质富裕、精神富足、城乡差距合理4个方面构建二级评价框架。其中，就地就近就业作为实现农村居民生活富足的先决条件，奠定了生活富足的坚实基础；物质富裕和精神富足则共同构成生活富足的双轮驱动，前者在量的维度展现了农村居民物质生活的现状与增长潜力，后者则在质的层面深刻反映了农村居民的精神风貌与生活品质；而城乡差距合理则是社会文明进步的重要体现。

　　确保农村保持一定规模的常住人口，且大部分农村居民能够实现就地就近就业，是农村居民生活迈向文明富足的首要前提。人力资源作为农村经济与社会发展的核心要素，其充足性对于支撑农村产业的多元化发展、积极参与及有效维护农村建设至关重要。就业不仅是民生之本，更是农村居民获取经济来源、实现共同富裕的重要途径。农

---

　　① 杨晶、孙飞、申云：《收入不平等会剥夺农民幸福感吗——基于社会资本调节效应的分析》，《山西财经大学学报》2019年第7期，第1~13页。

村居民实现就近就业，不仅意味着农村吸引力增强，有助于减少农村劳动力外流，减轻城市的人口压力，还对维护农村社会稳定、推动城乡融合发展具有深远的积极意义。

物质富裕在量的层面上，通过收入水平的持续提升，为农村居民提供更为充裕的可支配资源，进而增强其消费能力，为其追求更高层次的生活品质和精神层面的满足提供更多的可能。精神富裕则是农村生活富足的内在灵魂，在质的层面深刻反映农村居民的生活状态，涵盖农民的思想观念、文化素养、道德水平、精神风貌等多个维度。精神富裕的农民，不仅追求物质生活的满足，更注重精神生活的充实和丰富，具有更强的文化自信和归属感，能够更好地适应社会变迁，展现积极向上的生活态度。

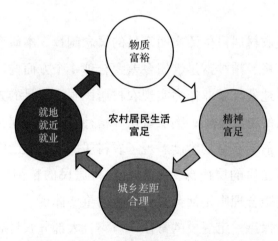

图 1 农村居民生活文明富足评价框架

城乡差距合理则是农村生活富足不可或缺的重要保障。它要求城乡之间在经济发展、公共服务、社会保障等方面实现均衡而协调的发展，旨在逐步缩小城乡差距，携手实现共同富裕的宏伟目标。在这一过程中，农村居民将能够享受到与城市居民相近或相当的生活条件与公共服务，这不仅能显著提升农村居民的生活质量和幸福感，还能够极大地激发他们的积极性与创造力，为农村经济的蓬勃发展注入新的活力与动力。

三　评价指标体系

在上述理论框架下，本研究设置4个二级指标、4个三级指标，如表1所示。

表1　生活文明富足系统性评价指标

一级指标	二级指标	三级指标	指标解释	数据来源	备注
农村居民生活文明富足	就地就近就业	乡村就业人员占比	农村地区从事一定社会劳动并取得劳动报酬或经营收入的16周岁以上人员数量占乡村总劳动力人数的比例	国家或省级统计年鉴	关键性指标
	物质富裕	农村居民人均可支配收入	农村居民人均可支配收入	国家或省级统计年鉴	关键性指标
	精神富足	农村居民人均教育文化娱乐支出占比	农村居民人均教育文化娱乐消费支出占农村人均消费支出的比例	基础数据来源于国家或省级统计年鉴	关键性指标
	城乡差距合理	城乡居民人均可支配收入比	城镇居民人均可支配收入与农村居民人均可支配收入的比值	基础数据来源于国家或省级统计年鉴	关键性指标

（一）就地就近就业

"就地就近就业"二级指标包括"乡村就业人员占比"1个评价指标。该指标指农村地区从事一定社会劳动并取得劳动报酬或经营收入的16周岁以上人员数量占乡村总劳动力人数的比例，其中乡村就业人员数和劳动力人数来源于国家或省级统计年鉴公开数据。在统计方法上"乡村就业人员数"与"城镇就业人员数"的统计方法一致，是指年龄在16周岁及以上从事一定社会劳动并取得劳动报酬或经营收入的人员，包括以下从事一二三产业的各类人员：①职工，②再就业的离退休人员，③私营业主，④个体户主，⑤私营企业和个体就业人员，⑥乡镇企业就业人员，⑦农村就业人员，⑦其他就业人员。

（二）物质富裕

"物质富裕"二级指标包括"农村居民人均可支配收入"1个评价指标，即农村住户当年从各个来源得到的经过初次分配与再分配的总收入除以农村常住人口数后得到的平均数。数据来源于国家或省级统计年鉴。

（三）精神富足

在以往的研究中，对精神富足的评价往往侧重于主观层次的阐释与评价，然而由于认知的主观性本质，难以通过具体的指标进行精确量化，在空间层面也无法有效表达。此外，收集与描述主观感受类数据面临较高的操作难度与复杂性。鉴于此，本研究重点从客观层面出发，重点围绕精神文化消费水平，选择关键性指标"农村居民人均教育文化娱乐支出占比"来衡量精神富足的状态。

"农村居民人均教育文化娱乐支出占比"指农村居民人均教育文化娱乐消费支出占农村居民人均消费支出的比例。该指标反映了农村居民的消费结构、生活质量、精神文明程度，占比的升高意味着消费结构的升级、更高层次精神文化需求的增加，也意味着人们生活方式和生活质量正逐步改善，更加注重个人发展和精神层面的满足并愿意投入更多的消费资金。

（四）城乡差距合理

"城乡差距合理"二级指标包括"城乡居民人均可支配收入比"1个评价指标，指城镇居民人均可支配收入与农村居民人均可支配收入的比值，反映了城乡居民在经济收入上的相对差异，是衡量社会经济发展均衡性的重要指标。该指标为逆向指标，收入比越小，城乡差距越小，城乡经济发展越均衡，社会发展程度越高。

四　关键性指标基本具备目标值

（一）"乡村就业人员占比"目标值60%

近年来，国家出台了就业帮扶、劳务经纪人补贴、跨省务工交通补贴、支持中小微企业和个体工商户、开展各级各类培训等多项扶持措施，强化就业服务保障，促进农村劳动力就地就近就业。《中华人民共和国国民经济和社会发展第十四个五年规划和2035年远景目标纲要》《扩大内需战略规划纲要（2022—2035年）》等文件均强调了促进农村劳动力就业的重要性，并提出了到2035年的总体目标，即实现更加充分、更高质量的就业，农村劳动力就业渠道更加丰富，就业质量和收入水平显著提升。相关文件和有关研究并未提及乡村就业的规划目标值，本研究参考近五年乡村就业人员占比变化率的平均值56.5%，并综合考虑到2035年我国乡村人口就业率将会受到城镇化、劳动力转移和老龄化的极大影响，选择60%作为"乡村就业人员占比"的目标值。

（二）"农村居民人均可支配收入"目标值34262元

2020年11月3日，习近平总书记就《中共中央关于制定国民经济和社会发展第十四个五年规划和二〇三五年远景目标的建议》起草的有关情况作说明时指出："在征求意见过程中，一些地方和部门建议，明确提出'十四五'经济增长速度目标，明确提出到 2035 年实现经济总量或人均收入翻一番目标。文件起草组经过认真研究和测算，认为从经济发展能力和条件看，我国经济有希望、有潜力保持长期平稳发展，到'十四五'末达到现行的高收入国家标准、到 2035 年实现经济总量或人均收入翻一番，是完全有可能的。"随后，胡鞍钢等出版的《"十四五"大战略与 2035 远景》[①] 一书提出，用 15 年的时间实现经济总量和人均翻一番，即以国内生产总值为引领，带动人均 GDP、全员劳动生产率、居民人均收入、居民人均消费支出，按不变价格到 2035 年比 2020 年翻一番；按照 2020 年农村居民人均可支配收入 17131 元的水平，将 2035 年远景目标值定为 34262 元。另外，中国社会科学院发布的《中国农村发展报告（2022）》综合考虑了经济增长、政策导向、收入分配、城乡差距缩小以及农村发展等多个维度，提出 2035 年农村居民人均可支配收入将达到 42801 元[②]，再次印证我国 2035 年远景目标的可行性。本研究结合 2020～2023 年农村居民人均可支配收入的增速状况，本着切实引领原则，取 34262 元作为 2035 年"农村居民人均可支配收入"的目标值。

（三）"农村居民人均教育文化娱乐支出占比"目标值15%

《"十四五"推进农业农村现代化规划》提出 2025 年农村居民人均教育文化娱乐消费支出占农村居民人均消费支出比重达到 11.5%，2020～2025 年五年累计提高 2 个百分点。浙江省在《浙江省文化改革

---

① 胡鞍钢、周绍杰、鄢一龙等：《"十四五"大战略与 2035 远景》，东方出版社，2020。
② 杜志雄、魏后凯主编《中国农村发展报告（2022）：促进农民农村共同富裕》，社会科学文献出版社，2022。

发展"十四五"规划》中明确指出,到 2025 年人均文化娱乐消费支出占人均消费支出比例预期为 15%。杜宏巍①在共同富裕评价研究中参考浙江省规划,将 2035 年农村居民人均教育文化娱乐消费支出占比目标值设为 15%。2020~2023 年我国农村居民人均消费支出从13713 元提升到 18175 元,农村居民人均教育文化娱乐消费支出则从1309 元提升到 1951 元,农村居民人均教育文化娱乐消费支出占比从9.5% 提升到 10.7%,年均增长 0.4 个百分点,有望实现"十四五"规划目标。如果能保持这个增速,2035 年该占比可达到 15.5%。参考发达地区目标值并结合我国农村消费水平增速势头,在本研究中,"农村居民人均教育文化娱乐支出占比"的 2035 年目标值为 15%。

(四)"城乡居民人均可支配收入比"目标值1.8

我国农村居民的收入来源呈现多样化趋势,不再仅仅依赖农业生产,工资性收入、经营性收入、财产性收入和转移性收入都成为农村居民收入的重要组成部分。近年来,我国农村居民人均可支配收入持续增长,且增速高于城镇居民:2023 年农村居民人均可支配收入为21691 元,实际增长 7.6%,增速比城镇居民高 2.8 个百分点。根据中国社会科学院发布的《中国农村发展报告(2022)》,按照共同富裕目标和国际标准,我国农村居民的富裕程度并不高,数量较大的农村低收入群体以及长期存在的城乡差距和农村内部差距是农民共同富裕的短板。近年来,我国城乡居民收入比逐年下降,2023 年城乡居民收入比缩小到 2.39,比上一年下降了 0.06。《中国农村发展报告(2022)》预测,未来城乡居民收入差距将继续呈现明显下降趋势,2035 年城乡收入比将降至 1.8。我国学者李金昌和余卫在共同富裕监

---

① 杜宏巍:《共同富裕理论内涵、指数评价与实践进路探析》,《行政管理改革》2023 年第 4 期,第 37~47 页。

测统计研究中，根据《中华人民共和国国民经济和社会发展第十四个五年规划和 2035 年远景目标纲要》并基于对我国经济社会发展总体趋势的预测分析和有关专家学者的研究结果，也提出了 2035 年城乡居民人均可支配收入比不大于 2 的目标值[①]。综合考虑，本研究取 1.8 作为"城乡居民人均可支配收入比"的目标值，该指标为逆向指标。

五 农村居民生活文明富足发展格局

（一）浙江省农村居民生活水平率先进入"基本具备阶段"

根据评价结果，全国 31 个省级行政区在"农村居民生活文明富足"维度的平均得分为 76.6 分。其中，浙江省总分值最高，率先进入"基本具备阶段"，突出表现是就地就近就业率和物质富裕程度均相对较高，甚至达到"已经具备阶段"，城乡差距也处于"基本具备阶段"。其他 30 个省级行政区则处于"尚未具备阶段"，其中江苏和上海 2 个省（市）分值为 80~90 分，已拥有在全国范围内率先进入"基本具备阶段"的潜力。

（二）东部地区农村居民生活文明富足程度最高而西部地区最低

从区域分布来看，东部地区农村居民生活文明富足程度最高，西部地区最低。总体看，东部、东北、中部三个区域平均得分差别不大，分别为 81.2 分、78.9 分、78.6 分，西部地区平均得分 71.2 分，与其他三个区域有较大差距。

---

① 李金昌、余卫：《共同富裕统计监测评价探讨》，《统计研究》2022 年第 2 期，第 3~17 页。

虽然东部地区的物质富裕程度最高，平均分值高达 87.3 分，但东部的精神富足总体水平是四个区域最低的，均分只有 58.0 分。究其原因，东部农村居民的年人均教育文化娱乐支出水平并不太高，为 1916 元/人，相比较高的收入和消费水平，农村居民人均教育文化娱乐支出占比仅为 8.7%；而中部地区农村居民人均教育文化娱乐支出高达 2131 元/人，占比为 11.8%。

（三）物质富裕程度地域间差异最大，就地就近就业省际差异最小

在物质富裕方面，全国两极分化较为明显。上海、浙江、北京和天津提前完成了农村居民人均可支配收入目标，其中前三者农村居民人均可支配收入均超过了目标值 34262 元，进入"已经具备阶段"，上海和浙江农村居民人均可支配收入甚至超过 4 万元。然而，全国仍有 27 个省级行政区尚未达到此标准，其中 24 个得分低于 70 分，14 个得分甚至不足 60 分，导致全国农村居民人均可支配收入仅为 22433 元，物质富裕指标全国平均分仅为 65.5 分。

相比之下，在就地就近就业方面，全国乡村就业人员占比平均水平达到 55.9%，总体实现程度较高。其中，有 27 个省级行政区乡村就业人员占比超过 50%，其中 18 个省级行政区评分达到 90 分以上，占比为 58.1%，浙江、上海、湖北等 8 个省市分值更是超过 100 分，已经进入"已经具备阶段"，占比为 25.8%。

（四）经济收入水平低、精神生活匮乏制约农村居民生活文明富足

近年来，农村居民收入持续增长，且增速快于城镇居民收入，农村居民消费也在同步增长，消费结构不断优化。然而，数据分析结果显示，农村居民人均可支配收入全国平均分仅为 65.5 分，在三级指

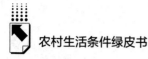

标中得分最低，处于"基本具备阶段"及以上水平的省级行政区有 4 个，而其中低于 60 分的省级行政区有 14 个。同时，农村居民人均教育文化娱乐支出占比全国平均分也只有 67.0 分，仅次于农村居民人均可支配收入得分，处于"基本具备阶段"的省级行政区仅有 2 个，低于 60 分的有 8 个。这些问题表明，经济收入水平偏低和精神生活匮乏仍然是制约农村居民生活文明富足的短板。

我国农村基本具备现代生活条件发展水平测度

陈　静　韦文珊*

摘　要： 本报告综合农村基本设施完备度、农村公共服务便利度、农村人居环境舒适度和农村居民生活文明富足"三度一足"四个维度的评价指标，构建涵盖4个一级指标、17个二级指标、20个三级指标的农村基本具备现代生活条件评价指标体系。对全国除港澳台以外的31个省级单元进行综合测度的结果显示，全国各省区市农村现代生活条件平均得分为72.3分，有2个省（市）农村现代生活条件已进入"基本具备阶段"；东部地区平均得分为85.0分，显著高于中部、西部和东北地区，区域间差异显著；在四个维度上，公共服务便利度得分最低，人居环境舒适度得分最高，维度间差异显著。

关键词： 农村　生活条件　基本设施　公共服务　人居环境

一　农村基本具备现代生活条件评价指标体系

本报告综合农村基本设施完备度、农村公共服务便利度、农村人居环境舒适度和农村居民生活文明富足"三度一足"四个维

---

* 陈静，中国农业科学院农业经济与发展研究所研究员，主要研究方向为乡村规划与建设、乡村发展；韦文珊，中国农业科学院农业经济与发展研究所副研究员，主要研究方向为农业区域发展和乡村规划。

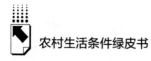

度筛选的评价指标，构建农村基本具备现代生活条件三级评价指标体系，包括4个一级指标、17个二级指标、20个三级指标开展省级单元农村基本具备现代生活条件综合水平评价。具体指标体系见表1。

表1 农村基本具备现代生活条件评价指标体系

一级指标	二级指标	三级指标	指标说明	数据来源
农村基础设施完备度	道路通达	自然村到最近县城的绕行系数	衡量交通通达性，自然村到最近县城的道路距离/直线距离	高德POI数据
	饮水安全	村庄供水普及率	由集中供水设施供给生活用水的人口数占常住人口的比例	《中国城乡建设统计年鉴》
	能源清洁	农村电网供电可靠率	在统计期间内，对用户有效供电时间总小时数/统计期间小时数	《2023年全国电力可靠性年度报告》
		村庄燃气普及率	使用燃气（人工煤气、天然气、液化石油气）的家庭用户总人口数/常住人口	《中国城乡建设统计年鉴》
	网络可及	宽带服务可负担性	入门级融合宽带服务的成本/农村居民人均可支配收入	三大通信运营商官方网站-资费专区，《中国农村统计年鉴》
	物流便捷	15分钟物流服务圈覆盖率	方圆1公里内有邮局或物流速递网点的村庄占比	高德POI数据
农村公共服务便利度	教育便利	农村小学可达性	各自然村中心点与最近小学平均道路距离	高德POI数据
		农村初中可达性	各自然村中心点与最近初中平均道路距离	
	养老便利	农村养老机构设施覆盖率	农村养老机构设施数量/行政村数量×100%	《中国农村统计年鉴》《中国民政统计年鉴》

续表

一级指标	二级指标	三级指标	指标说明	数据来源
农村公共服务便利度	就医便利	农村每千人执业医师指数	农村执业医师数/农村居民人数×1000	《中国农村统计年鉴》《中国社会统计年鉴》
		农村每千人注册护士指数	农村注册护士数/农村居民人数×1000	
	便民便利	村级综合服务站点覆盖率	农村社区综合服务站点数量/行政村总数×100%	《中国农村统计年鉴》《中国社会统计年鉴》
农村人居环境舒适度	厕所卫生	农村卫生厕所普及率	厕所粪污无害化处理量(吨)/厕所粪污总量(吨)	统计年鉴、互联网、新闻媒体等公开渠道
	垃圾治理	农村生活垃圾治理率	生活垃圾无害化处理量(吨)/生活垃圾总量(吨)	统计年鉴、互联网、新闻媒体等公开渠道
	污水管控	农村生活污水治理(有效管控)率	生活污水治理(有效管控)量(吨)/生活污水总量(吨)	统计年鉴、互联网、新闻媒体等公开渠道
	环境优美	植被覆盖度	植被指数(NDVI)	遥感数据
农村居民生活文明富足	就地就近就业	乡村就业人员占比	农村地区从事一定社会劳动并取得劳动报酬或经营收入的16周岁以上人员数量占乡村总劳动力人数的比例	国家或省级统计年鉴
	物质富裕	农村居民人均可支配收入	按人口平均的农村居民家庭可支配收入	国家或省级统计年鉴
	精神富足	农村居民人均教育文化娱乐支出占比	农村居民教育文化娱乐消费支出占农村人均消费支出的比例	基础数据来源于国家或省级统计年鉴
	城乡差距合理	城乡居民人均可支配收入比	城镇居民人均可支配收入与农村居民人均可支配收入之比	基础数据来源于国家或省级统计年鉴

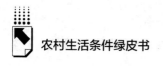

二　全国农村基本具备现代生活条件发展水平测度结果

本报告结合"三度一足"评价结果，测算得出除港澳台以外的22个省、5个自治区和4个直辖市的农村基本具备现代条件发展水平综合评价结果。

（一）全国有2个省（市）农村现代生活条件已进入"基本具备阶段"

从评价结果来看，全国各省区市农村现代生活条件平均得分为72.3分，与90分达到农村基本具备现代生活条件尚有较大差距，对标全国2035年农村基本具备现代生活条件的战略目标需进一步加大统筹推进力度。上海和浙江整体已经进入"基本具备阶段"，在全国起着领跑作用；而其他29个省级行政单元则都处于"尚未具备阶段"，其中天津、江苏、福建、山东、广东5个省份分值在80~90分区间，具有在全国层面率先进入"基本具备阶段"的基础。

（二）空间上呈现东部最高、中部和东北次之、西部最低的总体格局

从全国不同区域的省级单元平均得分来看，东部地区平均得分为85.0分，即将进入"基本具备阶段"，显著高于中部、西部和东北三个地区。中部地区次之，平均得分72.9分，与全国平均水平相当；东北地区平均得分68.8分，略低于全国平均水平；西部地区平均得分62.3分，全国有5个省份低于60分，均位于西部地区。

（三）公共服务便利度得分相对最低且省际差异最大

在农村基本设施完备度、农村公共服务便利度、农村人居环境舒适度和农村居民生活文明富足四个维度中，公共服务便利度的省级平均得分最低，为 67.39 分，低于其他三个维度。从标准差值来看，公共服务便利度的标准差值为 21.6 分，高于其他三个维度，省际差异最大，有 11 个省份得分低于 60 分，要在 2035 年进入"基本具备阶段"需进一步加大推动力度。

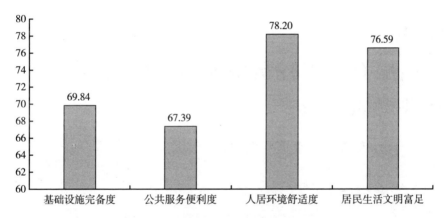

图 1　四个维度评价各省区市平均得分

案例篇

G.8
"后配套"工程实施助力农民生活条件提质升级

—— 以江苏省昆山市千灯镇为例

韩晓静　何龙娟　张崇尚*

摘　要： 党的二十大报告强调全面推进乡村振兴，提高农村基础设施完备度、公共服务便利度、人居环境舒适度，让农民就地过上现代文明生活。昆山市千灯镇积极响应，紧扣乡村振兴战略，深入学习"千万工程"经验开展乡村建设。通过实施农房翻建和"后配套"工程，千灯镇乡村建设取得了显著成效，农民生活条件得到了明显改善。千灯镇在增强规划引领效能、构建灵活启动机制、提供坚实的资

---

* 韩晓静，中国农业科学院农业经济与发展研究所副研究员，主要研究方向为农业遥感与乡村规划；何龙娟，中国农业科学院农业经济与发展研究所副研究员，主要研究方向为农业农村投融资政策；张崇尚，中国农业科学院农业经济与发展研究所副研究员，主要研究方向为农业经济管理。

金保障方面的主要做法和经验启示可为相似地区提供借鉴，对改善农民生活条件、推进乡村振兴具有重要意义。

关键词： 乡村建设　农房翻建　"后配套"工程

习近平同志在党的二十大报告中指出，"全面推进乡村振兴"，"统筹乡村基础设施和公共服务布局，建设宜居宜业和美乡村"。2022 年中央农村工作会议进一步强调，要瞄准"农村基本具备现代生活条件"的目标，提高农村基础设施完备度、公共服务便利度、人居环境舒适度，让农民就地过上现代文明生活。2024 年《中共中央、国务院关于学习运用"千村示范、万村整治"工程经验有力有效推进乡村全面振兴的意见》要求，扎实推进乡村建设和乡村治理，建设宜居宜业和美乡村。近年来，江苏省昆山市千灯镇紧扣乡村振兴战略总要求，深入学习运用"千万工程"经验，大力开展乡村建设行动，推动乡村宜居宜业、环境提档升级，取得了显著的成效。为进一步推进农民的生活条件提质升级，千灯镇大力推进农房翻建和"后配套"工程以改善农民的居住条件，让农民拥有幸福感、获得感。

一　基本情况

千灯镇地处江苏省昆山南部，东依上海市青浦区，区域面积78.5 平方公里，下辖 16 个村（73 个自然村）、12 个社区，常住人口约 22 万人，其中户籍人口约 8 万人。在昆山市委、市政府的坚强领导下，千灯镇坚定走出一条以"稳"和"进"为关键词的发展之路。一是加快建设民生项目。2023 年，千灯镇实施总投资 55 亿元的 145项重点实事工程，新建工程开工率超 97%，动迁房、亭林高中、社区卫生服务中心等民心项目加快建设，千灯养老中心、石浦农贸市场先后投用，民生幸福指数持续提升。二是大力推进农房翻建。千灯镇大力实施农房翻建和"后配套"工程、农业基础设施及富民载体建设，农房翻建率排名昆山市第二，连续 5 次被评为昆山市"红榜镇"，村均集体收入增长 5%。三是积极完善农文旅三产融合格局。"千灯·秀"正式启幕，千年古镇实现"亮灯"夜游；歇马桥村南区业态全面形成，百盛人家、姑苏小院等高端业态相继营业，"一核、一村、一区、一廊"的全域旅游格局持续完善。

目前，千灯镇拥有江苏省特色田园乡村 2 个、苏州市特色康居乡村 12 个、苏州市级特色康居示范区 2 个、昆山市特色宜居乡村 51 个，实现"村村有目标"发展格局。

二　经验做法

近年来，千灯镇持续推进乡村建设，优化村庄布局、完善基础设施、提升人居环境、健全公共服务，全力打造"产业兴旺、生态宜居、乡风文明、治理有效、生活富裕"的乡村振兴新典范。通过开展"后配套"工程，坚持规划先行，加快农房翻建，加强配套建设，健全工作机制，集约资金投入，打造宜居乡村典范。截至 2024 年，千灯镇已经在 60 个自然村启动了"后配套"工程，其中 50 个自然村已经完成了"后配套"建设，剩余 13 个自然村由于没有达到翻建率，暂未启动。主要经验做法包括四点。

（一）突出规划引领，绘就发展蓝图

建立市、镇、村、农房四级实用性乡村规划体系，优化乡村生活空间布局，严格保护农业生产空间和乡村生态空间。有序推进"多规合一"实用性村庄规划编制。结合乡村建设、全域土地综合整治等工作需要，坚持目标导向、问题导向，建立驻村规划师、设计师、工程师"一村三师"制度，明确空间布局优化、产业协同发展、基础设施配套等具体内容，编制"三规合一"实用性村庄规划。每5年编制一轮镇村布局规划，从村庄分类、公共设施配套、特色风貌引导、村庄建设指引4个方面不断优化，逐步推动"一村一规划"全覆盖。

（二）加快农房翻建，擦亮宜居底色

一是健全翻建机制。坚持"先规划后建设"原则，突出抓好农房安全和品质提升。制定《农房翻建实施细则》，率先实施GPS定位放样、"一村一监理"等工作办法，完善农房翻建竣工验收制度。积极推行"组团式"翻建模式，形成大唐村"桑榆工作法"等典型经验，农房总体翻建率达75.5%。二是加强风貌管控。出台《农房风貌验收标准》，健全农房风貌管控引导机制，因地制宜推出城中村、一般村、试点村以及古村落房型共计9种供农户选择。三是强化要素保障。强化宅基地供应，探索出棋盘格集中翻建、原址单独翻建、集中置换翻建三种翻建模式。通过引入社会资本、提供低息贷款等方式解决困难群众资金难题。制定多项激励政策，对符合管控要求的外立面刷白、围墙建造分别按6000元/户、4000元/户落实专项奖补，对城中村翻建给予3万元/户专项补贴。

（三）加强配套建设，扮靓乡村颜值

一是早谋划。在村庄翻建进度达30%时即启动方案设计，确保翻建进度达80%时进场施工，目前已累计在60个自然村启动"后配套"工程，累计新增绿化面积12万平方米、停车位近1455个，农村天然气管道接入率达100%。二是高标准。持续突出特色田园乡村建设的示范引领作用，提高乡村基础设施和公共服务配套建设标准，特色村、一般村分别按照 30 万元/户、15 万元/户的标准进行建设，统筹做好工程管理，有效保障村庄道路、基础绿化、河道驳岸、路灯、健身场地等基础设施质量，在特色村打造景观绿化节点、游园、建筑、廊桥等标志性设施。三是全覆盖。实现电力、通信、广播电视"三线入地"全覆盖，有效解决"空中蜘蛛网"问题，排除安全隐患。实现村庄道路建设入户全覆盖，进一步提升道路通达度和技术等级，全部实现黑化。实现 2364.45 亩"美丽菜园"自然村全覆盖，坚持将"美丽菜园"创建与村庄绿化相结合，打造更为精致舒适的新农村环境。

（四）推动干群合力，落实长效管护

一是机制保障强推力。深化班子领导挂钩联系机制，每月驻村督导不少于 1 次。依托人居环境整治专办严格落实"日曝光、周通报、月评估"制度，对全镇 16 个行政村 106 个自然村全覆盖检查。建立经费保障制度，按照 6500 元/户的标准支持各村开展人居环境管护，落实全日制村庄保洁，实行定人、定段、定区、定标管理，筑牢环境清洁硬底板。二是干群联动聚合力。大力实施村干部巡村制度，切实做好调查摸底和宣传讲解，依托 18 个人居环境整治"行动支部"，动员村民群众做好宅前屋后"三包"，常态化开展村庄清洁行动和绿化美化行动。干群合力累计参与专项整治活动 200 余次，参与人数达 2720 人次，持续凝聚环境保洁、爱绿护绿、公共设施维护等方面的共识。三是村民自治添活力。全面深化运用"积分制"，细化设置住宅整洁、出租房、"美丽菜园"、"美丽庭院"等管理细则，定期开展积分评定、星级户评选和积分兑付，推动村庄环境驶上长效管护良性轨道。

三 启示建议

昆山市千灯镇在推进农房翻建和"后配套"工程实施过程中取得了良好的效果,能够为相似条件地区提高农民生活条件提供模式范本。

(一)增强规划引领效能,确保方案落地实施

千灯镇根据上级党委、政府的要求,建立了四级实用性村庄规划体系,有序推进"多规合一"的实用性村庄规划编制,为每个村量身定制,确保一村一规划、村村有目标、村村有特色。建议各地在保障乡村振兴需要的基础上,合理划定村庄规划范围,严格管控各类村庄边界,切实保护村庄的农业生产空间和生态空间,形成相对集中、节约集约、城乡融合的村庄发展格局,充分体现规划的引领效能。在规划初步设计阶段,设计人员与村委会、村民展开多轮沟通,充分听取合理意见,因地制宜提出适合村庄现状的合理方案,确保规划落地实施。

(二)构建灵活的启动机制,确保工程进度和资金使用效率

千灯镇将村庄基础设施"后配套"工程启动条件与农房翻建率实现程度联系起来,构建了灵活规范的"后配套"工程启动机制,即以自然村为基础单位,农房翻建率达到30%时启动方案设计、达到50%时进行审批、达到80%时进场施工。考虑到村庄农房翻建可能遇到村民资金困难、产权纠纷等特殊情况,如果整村翻建率达不到80%,在村内进行分组,小组内部翻建率达到80%也可启动"后配套"施工。实施灵活的启动机制,有力统筹了各管线单位的施工工期及时间,有序推进了天然气入户、绿化景观提升、停车位新建、雨

污水分流等工程施工，有效避免了各项工程相互影响工期和二次开挖的情况。各地在推进村庄基础设施建设改造时，结合村庄产业发展、农房改造等工程项目实施情况，统筹确定村内基础设施施工启动条件，既可准确把握工程进度、有序地推进设施建设，又能有效提高财政配套资金的使用效率。

（三）提供坚实的资金保障，确保乡村建设全面推进

千灯镇通过精准灵活的补贴机制，让财政补贴资金深度支持"后配套"建设各个环节，不仅有效提高资金使用效率，也为"后配套"建设高质量开展提供重要保障。建议各地在乡村建设中，一是分类提供补贴，提高配套建设标准。持续提高乡村基础设施和公共服务配套建设标准，对特色村和一般村分类提供补贴，突出特色村建设示范引领作用。二是统筹资金安排，扩大资金使用范围。千灯镇对于已实施村建设资金使用不足 15 万元/户的，剩余资金不予收回，而是用于本行政村其余未实施自然村或后续相关"后配套"设施建设，扩大了补贴资金使用范围，同时鼓励各村精准使用资金，有效避免浪费。三是加强金融支持，解决农户资金难题。通过引入社会资本、提供低息贷款等方式解决农户资金不足难题，同时对符合管控要求的外立面刷白、围墙建造落实专项奖补，对城中村翻建给予专项补贴。四是注重后续支持，确保管护资金到位。建立"后配套"管护机制，"后配套"设施维修产生的费用由村委会支付 50%，政府财政支付 50%。同时建立村庄人居环境常态化整治经费保障制度，千灯镇按照 6500 元/户的标准支持各村开展人居环境管护，落实全日制村庄保洁，确保村庄宜居宜业。

G.9
"农气循环"助力农村基本具备 现代生活条件

——以河南省商水县生物天然气项目为例

张鸣鸣 王惠乔*

摘　要： 河南省商水县通过生物天然气项目，以玉米秸秆为原料生产清洁能源和有机肥，实现农业废弃物高值化利用。项目建成后，年处理秸秆 20 万吨，年产天然气 1878 万立方米，推动秸秆标准化离田收储，解决秸秆焚烧污染问题，改善村容村貌。同时，生物天然气可补充县域能源供给，缓解农村冬季清洁能源短缺，助力"气化乡村"工程。项目构建政府、企业、农户利益共同体，形成"农业废弃物处理—清洁能源供给—人居环境提升"的循环模式。建议完善政策支持，推动生物天然气与农业农村融合发展。

关键词： 农气循环　生物天然气　人居环境　资源化利用　城乡融合

党的二十大报告提出到 2035 年农村基本具备现代生活条件的目标，要求加快养老、教育、医疗等方面的公共服务设施建设。习近平

---

* 张鸣鸣，博士，农业农村部成都沼气科学研究所研究员，主要研究方向为农村公共产品理论；王惠乔，农业农村部成都沼气科学研究所助理研究员，主要研究方向为数量经济学。

总书记在 2022 年中央农村工作会议上进一步强调，要瞄准"农村基本具备现代生活条件"的目标，提高农村基础设施完备度、公共服务便利度、人居环境舒适度，让农民就地过上现代文明生活。农村基本具备现代生活条件是实现中国式现代化的内在要求，也是农村现代化的重要体现。农业强国视域下，农村基本具备现代生活条件蕴含着极为鲜明的中国特色，即与农业产业链、价值链紧密结合，面向规模庞大的小农户，坚持绿色低碳环境友好，传承弘扬乡村文明，实现共同富裕。这些中国特色不是各自独立、线性发展的，而是交融进步、互为依托的。

党的十八大以来，农村面貌发生巨大变化，农村基础设施、公共服务和人居环境等条件得到显著改善，基本补齐基础性条件，但农村生活条件不平衡不充分问题仍然突出，不仅与发达国家相比有较大差距，同城镇生活相比仍有许多短板和弱项，同人民美好生活需求相比有较大改善空间。尤其是北方农村地区存在冬季清洁能源供给不足、相关基础设施不完备及人居环境亟须整治提升等情况。课题组在河南省商水县调研发现，以农作物秸秆为主要原料，生产生物天然气和有机肥，不仅能有效解决产粮大县秸秆处理难题，补充农村天然气资源，同时能够改善村容村貌，提升农业农村生产生活条件，为实现农村基本具备现代生活条件的目标提供有力支撑。

一　基本情况

河南省周口市商水县位于河南省东南部，辖 4 街道、12 镇、7 乡，总面积 1270 平方公里，耕地面积 139 万亩。截至 2023 年末，全县常住人口 90.46 万人，其中农村常住人口 52.15 万人；地区生产总值 335 亿元，同比增长 4.0%，三次产业结构为 18.4：36.1：45.5；一般公共预算收入 13.07 亿元，一般公共预算支出 67.68 亿元，其中民生支出占一般公共预算支出比重为 83%；粮食总产量连续 18 年超百万吨，达到 108.04 万吨，居全省第 8 位；农村居民人均可支配收入 15742.9 元，同比增长 7.3%。作为重要的粮食主产区以及典型的农业人口大县，商水县在推进农业农村现代化过程中面临如下两大难题，是农村具备现代生活条件的重要制约因素。

一是农作物秸秆管理难题，影响农村人居环境，不利于农业可持续生产。商水县是我国重要的粮食主产区，耕地面积 139 万亩，是典型的产粮大县，每年玉米秸秆产生量约 100 万吨，农民不得不面对秸秆处理难题。粮食生产规模大、经济效益低，农民没有能力，也缺乏动力组织秸秆离田处理，"一烧了之"和就地还田是省时省力且最为常见的秸秆处理方式。有研究表明秸秆 50% 的还田量对土壤微生物、菌类的改善效果最显著①，连年大量秸秆还田远超出土壤消纳能力，土壤酸化、退化问题严重，农药化肥过度施用导致粮食减产。秸秆焚烧会造成农村大气污染，影响村庄环境，还有可能引发火灾，安全隐患巨大，因此我国在 1999 年出台了《秸秆禁烧和综合利用管理办法》。在秸秆禁烧背景下，村民将无法还田消纳的秸秆拉回家乱堆乱放、随意丢弃、就地抛河甚至偷烧现象时有发生。每逢雨季，秸秆经水长时间浸泡，腐烂后造成水体发黑发臭，污染水生态环境，影响村容村貌，不利于改善农村人居环境。

二是农村天然气供给缺口大，现代生活能源保障不足。商水县地处北方，其生活能源仍以混合燃料为主，包括煤炭、液化石油气、电和木柴，传统化石能源在农村地区使用广泛，这种传统低效的用能习惯不仅会造成严重的空气污染，还有损农民健康。为提升农村生活品质、改善人居环境，2017 年，商水县被确定为全国农村能源革命试

---

① 王美琦、刘银双、黄亚丽、赵阳阳、李再兴、韩永辉：《秸秆还田对土壤微生态环境影响的研究进展》，《微生物学通报》2022 年第 2 期，第 807~816 页。

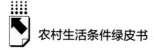

点县，积极谋划推进生物质发电、光伏发电、风力发电等项目，持续推进"天然气进村入户"工程。2022 年全县天然气供气总量 2715 万立方米，天然气管道长度 6500 公里，其中乡镇燃气普及率达到 85%。但是天然气供应不足问题突出，2022 年商水县人均天然气消费量为30 立方米，仅为河南省人均生活消费天然气的 74.5%，如若扣除非居民用气量，商水县人均生活天然气消费水平更低。尤其是冬春季节，天然气供需矛盾十分突出。能源作为农村基础设施的重要组成部分，是农村生活、生产及发展的重要保障和支撑，也是农村基本具备现代生活条件的必然要求。

二 "农气循环"模式的主要做法及成效

2020 年商水县引进社会资本建成"商水县农业废弃物综合利用生产天然气"项目（以下简称"商水项目"），以黄玉米秸秆为单一原料，通过超大型生物天然气工程厌氧发酵，生产生物天然气和有机肥，覆盖周边耕地 20 万亩，年处理玉米秸秆 20 万吨，年产天然气1878 万立方米、固体有机肥 7.5 万吨。商水项目在粮食生产这一经济效益偏低、规模大的领域实施"农气循环"模式，实现了农业废弃物高值化利用，改善了农村居住条件，提升了农村人居环境舒适度，保障了县域能源供给，提升了基础设施完备度，其主要做法和成效归纳总结如下。

（一）秸秆标准化离田处理，改善村容村貌，提升农村人居环境舒适度

商水县粮食生产经营主体以小农户为主，以往秋收时节农户自行联系农机手收割玉米并进行秸秆还田作业，费用为 80 元/亩，秸秆深翻还田还需增加的机械作业成本约为 40 元/亩，种粮不经济导致小农

户没有能力、缺乏动力去进行秸秆深翻或是采用秸秆标准化离田的社会化服务，将大量无法还田秸秆拉回家乱堆乱放，导致村庄环境杂乱。若逢雨季，秸秆流入河道，还会导致水沟阻塞、水体发臭，严重影响村容村貌。

商水项目就地设置 2 个总容积 20 万吨的玉米秸秆储窖，每年 9~10 月开展秸秆收储，覆盖周边约 20 万亩耕地；使用先进的玉米茎穗兼收机对秸秆离田进行标准化操作，再通过秸秆拉运自卸车、玉米拉运自卸车等为农户提供一体化的收运玉米、割秸秆、翻耕地等服务，农户支付的费用也从原来的 80 元/亩降低为 60 元/亩。商水项目通过玉米秸秆标准化离田收储，补齐了农业社会化服务短板，破解了农民秸秆消纳难题，避免了大量秸秆直接还田所导致的耕地退化、病虫害等问题，扭转了秸秆乱堆乱放、村庄环境差等现象，有效改善了村容村貌，助力了农村人居环境整治提升工作，提升了农民居住舒适性。

（二）生物天然气稳定生产，保障县域清洁能源供给，提升农村基础设施完备度

商水项目以玉米秸秆为单一原料，采用国际先进干式厌氧发酵工艺生产沼气并提纯为生物天然气，工程自动化程度高，24 小时运行，每天稳定提纯高纯度天然气 5.14 万立方米，甲烷含量高达 97.4%，能够成为常规天然气现实、可靠的气源替代品。

据河南省 25 个县的实际运营数据，2023 年乡镇居民和工业用气价格每立方米平均为 2.7 元和 4.6 元，冬春季节则分别高达 3 元和 6元每立方米。商水项目生物天然气生产成本在不计折旧情况下为每立方米 2.6 元，低于当地燃气公司向上游供气公司的购买价格，可降低燃气公司购气成本。将生物天然气接入地方燃气管道，能够为周边约 7 万户"煤改气"工程农户提供平价天然气，成为"气化乡村"工程的补充气源，有效缓解冬春天然气供给短缺问题，促进农村生活用

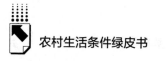

能清洁化。同时，商水项目所产生物天然气能够通过槽车运输给当地工商业供气，保障企业用能稳定，为企业发展提供物质基础。商水项目有效提升了县域清洁能源供给水平及农村基础设施完备度，为农村基本具备现代生活条件提供了有效支撑和保障。

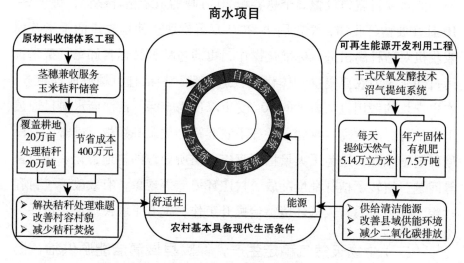

图1　商水项目助力农村基本具备现代生活条件

三　"农气循环"模式的本质特征

"农气循环"模式创新性地构建了政府、能源企业和农户多元主体的价值和利益共同体，形成了农村生活、生产和生态共赢的可持续发展格局，体现了农业生产、农村建设、乡村生活生态良性循环的农业强国中国特色。

通过"农气循环"模式，地方政府大幅降低了秸秆禁烧工作的行政成本，改善了秸秆难以消纳所带来的村庄环境差等生态及人居环境问题。生物天然气产业在为地方增加投资、形成税收并且拉动就业的同时，实现了化肥替代、农业废弃物处理等生态效益。天然气稳定供给改善了县域供能环境，有效解决能源短缺等问题，多维度助力政府公共目标实现。

能源企业作为市场主体，追求利益最大化，盈利是其首要目标。随着生物天然气装备国产化水平提升，工程本身具备盈利能力。然而原料保质、稳定供应是工程不断链及持续稳定盈利的关键及必要条件，能源企业通过参与"农气循环"模式能有效保障秸秆原料的收集质量及稳定供应。商水县作为产粮大县，每年秸秆产生量稳定，统一标准化离田收储能保证收割秸秆质量和速率。

秸秆处理困难、耕地质量下降近年来已成为种粮小农户所面临的突出问题，秸秆资源化利用、沼渣沼液或有机肥施用还田等社会化服务已成为农民的迫切需求。然而种粮不经济导致小农户缺乏动力也没有能力标准化处理秸秆，"农气循环"模式能有效补齐粮食耕种领域内以绿色生态为导向的农业社会化服务短板，解决秸秆处理难题，降低农民种粮成本，提升土壤肥力。

四　启示和建议

河南省商水县创新性发展"农气循环"模式，将农业废弃物处理、农村清洁能源供给和农村人居环境改善有机链接，为实现农村基本具备现代生活条件提供支撑和保障，对促进农业农村绿色发展具有突出价值，能够为相似条件的区域实现农村基本具备现代生活条件提供模式范本。

在粮食主产区发展完善"农气循环"模式具有战略意义和显著的综合效益，但是，受产业链长、涉及主体多且利益关系复杂等因素影响，在缺乏针对性政策支持的情况下，"农气循环"模式发展还面临一些制约因素，影响实施效果。应将"农气循环"模式作为实现农村基本具备现代生活条件的可行路径，出台积极有力的政策推动生

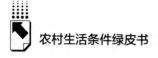

物天然气产业和乡村振兴融合发展。

第一，在粮食主产区完善农村基本具备现代生活条件和生物天然气产业协同发展的顶层设计。建立农业农村领域跨部门沟通协调机制，以农业废弃物高值化利用为方向，以提升农村居住舒适度和清洁能源供给能力水平为目标，推动农村基本具备现代生活条件、农业农村绿色发展。

第二，制定支持粮食主产区"农气循环"模式发展的具体政策措施。粮食主产区生物天然气产业发展应以促进粮食产能持续提升和实现农村基本具备现代生活条件为目标。探索秸秆综合利用、畜禽粪污资源化利用、农村人居环境整治等项目资金支持生物天然气发展的可行路径。加强农村能源基础设施建设和需求管理，通过奖补、税收优惠等方式，加快农业生产加工领域电气化改造，引导农户家庭接入并使用生物天然气。

第三，在粮食主产区筛选建立"农气循环"试点并完善该模式。综合考虑地形地貌、气候条件、经济水平、作物产量、天然气价格、村庄布局等因素，因地制宜研究不同类型的"农气循环"模式及各自适用范围。

第四，强化多元主体利益联结机制，鼓励社会资本进入。支持生物天然气业主开展秸秆收集、储存以及有机肥还田社会化服务。优化营商环境，允许生物天然气企业通过"隔墙售电"、架设屋顶光伏、给予电价优惠等方式降低运营成本。打通生物天然气就地就近进入农村天然气管网渠道，在已经实施天然气特许经营区域，协调生物天然气优先供能，增加"农气循环"模式对社会资本的吸引力。

G.10
农村互助养老模式破解农村
养老短板难题

——以北京市平谷区镇罗营镇上镇村为例

周向阳 常 明*

摘 要: 北京市平谷区上镇村创新"12345互助性养老模式",通过党建引领整合村内资源,建立养老驿站、互助点及四支服务队伍,覆盖512名老年人。模式以低龄老人服务高龄老人为核心,结合积分制和时间银行机制,降低养老成本,但面临专业人才匮乏、村民参与度低、时间银行运转困难等问题。建议加强宣传引导,提升村民认同感;引入专业培训,建立多元主体协作机制;优化政策支持,推动互助养老可持续发展。该模式为农村养老提供低成本、高适配性的解决方案。

关键词: 互助养老 农村养老短板 时间银行 多元参与 乡风文明

当前,我国已经迈入中度老龄化社会。2023年末,全国60周岁及以上人口为29697万人,占全国人口的21.1%,其中,65周岁及

---

* 周向阳,中国农业科学院农业经济与发展研究所副研究员,主要研究方向为农业经济管理;常明,中国农业科学院农业经济与发展研究所副研究员,主要研究方向为农业经济管理。

以上人口 21676 万人，占全国人口的 15.4%。全社会对养老的需求也在稳步上升。民政部发布的《2022 年度国家老龄事业发展公报》显示，我国城乡社区积极为老年人开展助餐助行、日间照料、康复护理、老年教育等多种服务。到 2023 年末，全国共有养老机构 4.1 万家、养老服务床位 820.1 万张。与城市相比，农村养老需求没有得到有效满足，特别是刚刚脱贫地区养老问题十分突出，存在明显短板问题：专业人员、专业设备配置不充足，综合服务体系尚未建立健全；农村青壮劳动力常年外出务工经商导致很多地区村庄空心化；长期城乡分割发展、农村地区空间分散，导致农村养老等公共服务供给不足，进一步加大农村居家养老的难度。

党的二十届三中全会通过了《中共中央关于进一步全面深化改革　推进中国式现代化的决定》（以下简称《决定》）。《决定》提出完善城乡融合发展体制机制，这意味着在当前不断推动城乡融合发展的背景下，未来政策将在农村养老方面增加更多资源，城乡公共服务朝向均等化发展，城乡养老服务差距将不断缩小。《决定》在健全人口发展支持和服务体系方面，提出推进互助性养老服务，还提出加快补齐农村养老服务短板。这意味着未来农村养老模式将在现有居家养老、机构养老两类模式基础上进行新的探索，互助性养老等新的养老服务模式将在农村加强探索和推广，农村养老服务供给水平将有序提升。

一　基本情况

上镇村位于北京市平谷区镇罗营镇西部，面积 9.8 平方公里，是镇罗营镇面积最大的行政村，距镇政府 3 公里。全村常住人口超过 1000 人。上镇村是镇域范围内人口最多、老龄化问题较为突出的村庄之一，全村共有 60 岁及以上的老年人 512 人，涉及 354 户农民家庭，老龄化率超过 40%。该村在推动互助养老方面不断进行创新，在村"两委"班子的带领下，形成了互助养老模式。

二 上镇村互助养老的主要做法及成效

从 2022 年 8 月开始，上镇村助老服务队累计开展服务近 2 年，实现在家老年人全面覆盖。上镇村互助养老有效解决了村内老年人不愿意离家养老、专业养老机构费用支出较高的实际困难。在实施中，上镇村采取以下 4 项具体措施，保障互助养老模式持续运行。

（一）建立"12345互助性养老模式"

镇罗营镇政府将该村作为试点，开展"12345 互助性养老模式"探索。其中，"1"是指开展养老服务要通过党建引领，发挥农村党组织在养老服务中的核心作用。"2"是指两个重要的养老保障组织，即村庄内的村"两委"和村庄外部的专业养老机构，两个组织之间是合作关系，在养老服务工作中相互支撑。"3"是指建设三批设施，包括村级养老驿站、村民中心、互助养老点。"4"是指四支养老服务队伍，包括党员巾帼敬老服务队、网格员助老服务队、夕阳红邻里互助服务队、专业养老服务队。目前该村有 150 多人参与服务队伍，吸收了党员、村干部、普通村民、低龄老年人、网格员、志愿者等。"5"是指设置的 5 项基本养老服务内容，包括生活照料、助餐服务、文化娱乐、医疗康复、精神慰藉。

（二）实行分类管理，引导多元主体共同参与服务

由于不同年龄段的老年人对养老服务存在明显差异，因此农村地区开展养老服务一定要区分对待。上镇村以家庭为基本管理单位，将老年农户分成失能失智户、介护老人户、介助老人户、残疾人户、60

岁以上健康老人户 5 种类型，做到老年服务精准配置、有的放矢。每类老年人的特殊需要，村里都能够结合村级组织的职能明确提供。开展互助养老服务，需要建立一支常态化、稳定的人员队伍，特别是需要有耐心、有爱心、乐于奉献的人员队伍。上镇村村干部、党员、群众志愿者、网格员等人员都可以参与到养老服务供给中，特别是身体健康的低龄老年人，具有意愿和空闲时间，均可参与服务。党员干部的参与和有效示范，带动身边的其他人参与到互助养老服务中。有很多志愿者不计报酬、不辞劳苦，积极参与照顾老年人，为他们提供了及时、温暖和有效的服务。

（三）合理布局服务网点，提升服务质量

农村地理空间相对分散，开展互助养老，需要全面掌握不同年龄段、不同身体状况老年人的分布等信息，这要求对互助养老服务的空间进行布局。上镇村将村域空间划分为若干网格，设立邻里互助点，科学确立养老服务半径和辐射范围。互助点是开展服务的基地，配备了必要的设施条件，便于服务人员开展服务。参与服务的人员大部分来自本村，只有极少数人员来自第三方专业机构，因此，本村服务人员需要不断积累服务经验，还要定期参与养老专业技能培训，提高自身的服务质量。此外，村"两委"注重宣传志愿者服务理念，传播志愿服务精神，用精神鼓励广大参与服务人员开展互助养老服务。通过这些举措，互助性养老模式真正实现了本村老年人安心舒适养老。

近年来，上镇村开展农村互助性养老服务取得显著成效，在农村地区，以较低的资源支持成本，组织农村社区成员为高龄独居或有需求的老年人家庭提供养老服务，并实现可持续运营。北京市平谷区不断总结农村互助性养老模式工作经验，扩大互助养老试点建设覆盖范围，计划在 2025 年底覆盖全区 274 个村。同时，平谷区一些行政村

结合老年人休闲娱乐等多元需求，对村民中心进行必要改造，建设村级互助养老中心，增强老年人社会融合性。2023 年 11 月，北京市民政局牵头，联合财政局、农业农村局印发《北京市农村邻里互助养老服务点建设管理办法（试行）》，在全市范围内推广互助性养老服务模式，进一步强化农村养老保障。

三　农村互助养老模式存在的问题

上镇村互助养老作为一种由熟人发起的基于社区居民互帮互助的养老模式，有着非亲即邻、信赖感强的典型特征，在解决农村养老问题上具有独特的优势。但是，农村互助养老作为新兴事物，在实践中也存在短板与不足。

（一）传统思想与认知偏离，互助养老认同度不高

"养儿防老"是中华民族传统的孝道文化，在上镇村等中国村庄普遍存在，老年人对子女会产生较强的亲情依赖。因此，在传统养老思想的影响下，子女承受来自家庭和社会的期望压力，最终选择家庭养老模式，亲力亲为地照料父母的晚年生活[1]。互助养老作为新兴事物，多数农村老年人对其缺乏了解，存在认知上的障碍。在实地调研中获知，不少老人虽然知道互助养老，却并不理解推行互助养老的具体做法与意义，只有少部分老人愿意加入互助养老。甚至不少老人认为互助养老风险大且责任重，缺乏参与农村互助养老的动力。而一些加入互助养老的老人，选择同自己血缘关系更近的老人进行互助，虽表面进行了养老互助，但仍未跳出传统养老思想。对互助养老的淡薄

---

① 程静静：《农村互助养老现实困境与路径选择》，《合作经济与科技》2024 年第 20 期，第 176~178 页。

认知，会导致互助养老相关平台建设成为无效供给，不仅会造成资源浪费，还会影响农村互助养老模式的持续健康发展。

（二）互助老人专业技能匮乏，养老服务质量难以保证

上镇村互助养老在解决农村养老问题上虽具有独特的优势，但由于互助老人欠缺专业知识与技能，这一模式在实施过程中面临诸多挑战。参与互助养老的志愿者主要是村内低龄健康老人和具有奉献精神的村民，该群体一般缺乏专业的养老护理知识，从而无法提供科学、合理、细致的服务，养老服务质量难以保证。并且，养老服务领域不断涌现新的理念和技术，上镇村也未建立完善的互助养老服务培训体系，互助养老服务提供者基本没有机会参与正式的培训，对专业培训的重要性认识不足。缺乏专业技能的参与者可能无法有效管理养老资源，导致资源浪费、运营成本较高，从而限制了互助养老模式的创新与发展，影响农村互助养老模式的长期运行。

（三）"时间银行"运转困境较多，村民参与度尚显不足

上镇村采取了"低龄存时间、高龄取服务"的新型互助养老模式。"时间银行"以社区或村为基本单位，鼓励居民加入养老志愿服务，用现在时间换取未来时间，有效盘活社会养老服务资源[①]。相比于志愿服务，"时间银行"互助养老模式可以提升互助群体的积极性，但是其运转过程中仍存在较多不足。第一，老年人是"时间银行"互助养老最重要的参与者，但老年人因对农村"时间银行"互助养老认知度不高，参与热情与积极性受阻，可能出现老年人不参与或者短期参与的现象。第二，目前农村"时间银行"局限于老年人

---

① 杨哲、汪雅萍、高晶：《农村时间银行互助养老共生发展逻辑：机理、阻滞与路径》，《湖北经济学院学报（人文社会科学版）》2024 年第 6 期，第 44~49 页。

之间提供的养老服务，年轻群体参与度不够，参与主体相对单一，农村"时间银行"互助养老覆盖范围过小。第三，上镇村"时间银行"互助养老受众面仅为村内居民，具有体量小、流转难等特点，服务范围受限，资源交换作用受到制约。此外，"时间银行"还存在经费来源不足和制度保障缺失问题。

（四）网格员互助作用较大，各主体还未形成有效合作

多元参与是上镇村互助养老成功的关键，然而实际操作中的多方合作尚有一些短板与不足。一是除网格员外，其他主体作用有限。网格员由于存在工资激励并且长期从事责任网格中的其他工作，在互助养老中能更好地完成包片任务、走访调查、互助帮扶等工作，但其他主体提供的作用较小。二是各类服务队责任边界划分不清。在上镇村互助养老实践中，党员干部、网格员、邻里和社会专业服务队承担的任务部分重叠，存在职责不明确问题，导致各主体无法完全发挥效能。三是沟通协作机制不畅。上镇村村委会、村干部、网格员、社会组织以及老年人视角和诉求存在差异，缺乏有效沟通协作机制，互助行动的有序开展受到制约，降低了各主体对互助养老模式的认同度。

四　启示与对策建议

互助性养老模式为破解农村养老问题提供了新思路、新路径。从中可以看到农村互助养老服务的典型经验与启示，包括四个方面。一是成本较低。服务网点依托现有农村闲置场所、用房建设，财政对服务设施和人员给予必要的资金支持。相对于机构养老而言，农村老年人依然可以居住在自己的房屋或农村社区服务网点，产生的费用较少。二是针对性强。在互助养老模式中，上门提供的服务内容比较丰富，例如卫生清洁、代办代购等，这些都是农村老年人日常需要的服

务，与居家养老模式中子女参与完成的服务内容相近，具有较好的针对性。三是融合性强。参与服务的成员来自农村社区内部，具有较好的熟人、半熟人特点，与老年人的亲和性更强，容易开展交流互动，能为农村老年人提供精神慰藉，促进农村老年人融入社会。四是多元性优势突出。参与提供养老服务的人员结构多元，包括村干部、党员、低龄老年人、志愿者以及部分社会人员。各地农村均可以结合老年人实际需求因地制宜进行创新，丰富服务内容，完善服务标准，提高服务质量，推进养老服务改进和发展。可开通互助养老服务车，为老年人提供助餐助行、卫生清洁、理发、聊天、代办代购等多样化服务等。同时，要积极引导多元主体协作参与，与乡村治理等其他工作有机结合。政府在推动互助性养老模式时，应积极对邻里互助养老服务点的设施、工具配套方面给予资金支持，在服务人员技能培训和奖励补助上给予补贴。随着农村互助养老模式覆盖范围不断扩大，农村老年人的获得感、幸福感、安全感必将不断上升。

针对上镇村农村互助养老在实践中存在的传统养老思想束缚、专业技能匮乏、"时间银行"运转不畅、多主体合作困境等短板，本文从加强宣传引导、提升专业水平、"优化时间"银行运作流程、促进多元合作等方面，提出了完善农村互助养老模式的对策建议。

（一）加强宣传引导，提升村民对互助养老的认同感

提升老年人对互助养老的认同感，是农村互助养老模式完善的重要推力。一是可以通过基层干部和志愿者，走访讲解互助养老的优势和意义，制定针对农村老人的讲解课程，转变留村老人的传统养老思想，增进农村老年人对互助养老的了解与认同。二是借助传统媒体和新媒体等平台，以农村老年受众喜爱的方式，制作相关专题短片和节目，为农村互助养老营造积极的舆论环境，增强村内老人对互助养老模式的信任感。三是要抓住老人子女这一关键群体，从子女视角转变

家庭养老认知。在加强对老人子女互助养老宣传教育的同时，鼓励老人子女一起参与互助养老服务，缓解子女在传统养老思想下的家庭和社会期望压力，从而提升村民对农村互助养老的认知水平。

（二）增强专业技能，破解互助养老人才瓶颈

提升互助养老参与者的专业水平，是推动农村互助养老可持续发展的关键。一是政府、社会和相关机构可以在村内组织互助养老培训，邀请专业人士为互助养老参与者提供培训服务，传授互助养老知识与技能，并设置培训效果评估机制，确保参与老人和志愿者的培训效果。二是通过广播、讲座、短视频、宣传栏等多种形式，传播农村居民互助养老知识，让农村居民更加便捷地获取互助养老的基本知识、实用技能以及政策发展情况。三是鼓励社会专业人才参与农村互助养老服务，带动互助老人和村内志愿者提升知识与技能，补充农村互助养老人才。

（三）优化运作模式，增强"时间银行"互助效果

"时间银行"模式作为农村互助养老的积极探索，仍存在优化和提升空间。一是应制定相关的政策法规，引导"时间银行"健康发展。迄今为止，除了少数省市出台了有关"时间银行"的政策，尚缺少国家层面的政策法规引导"时间银行"互助养老模式的发展与完善。二是应结合守望相助思想形成社会宣传合力，提高农村居民对"时间银行"互助养老的认知度。鼓励支持低龄健康老年人参与"时间银行"，充分拓展农村"时间银行"参与主体，从单一老年向多元人力资源发展，拓展党员、村干部和留守妇女参与农村"时间银行"互助养老，实现代际互助。三是积极争取政府财政专项，吸引第三方机构参与"时间银行"。加强与农村养老服务机构的沟通合作，建立商业合作模式、接受企业捐赠与资金支持，为"时间银行"的持续

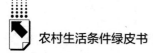

运作提供稳定资金基础。此外，可利用村内无人宅基地等闲置资产，为"时间银行"提供服务场所，缓解"时间银行"运转费用压力。

（四）发挥自治优势，构建互助养老多元合作机制

农村互助养老要将集体自治机制融入其中，形成以内为主、内外结合的农村互助养老合作机制。一是提高多元参与的合作意愿。充分发挥农村基层党组织、网格员、乡村能人的示范效应，积极倡导集体自治、邻里合作、互帮互助的养老理念，重视村社组织、村干部、社会力量和村民等多元主体在互助养老服务中的功能，以合作共治的理念贯彻农村互助养老模式。二是厘清多元主体的责任边界。明确政府在农村互助养老中的主导责任，落实村"两委"在农村互助养老中的角色定位和管理规范，并进一步细化和明确党员干部、网格员、村民和社会专业服务队的职责与任务。通过制定差异化的激励措施，引导社会主体提供多样化、个性化的农村互助养老服务。三是强化多元主体的沟通协作。采取签订框架合作协议的形式，将养老服务供给中的主体间合作关系制度化。成立乡镇政府领导、村"两委"牵头、网格员配合、社会力量支持、互助老人广泛参与的多方联席机构，协调推进农村互助养老发展中的重要事宜。在村"两委"、网格员、互助志愿者各主体中选择成员，成立专门的农户互助养老协调沟通小组，保障各主体顺畅有序沟通。

G.11
农村生活垃圾源头分类减量
与利用模式及对策评估
——以四川省眉山市丹棱县村民互助自治模式为例

耿兵 朱洁 刘丽媛*

摘　要： 四川省丹棱县推行"户分类、组保洁、村收集、县转运"的村民自治垃圾治理模式，通过公开竞标保洁岗位、建立三方监督机制，实现垃圾分类减量率60%、无害化处理率93%。项目整合财政与社会资金，完善设施布局，创新"一元钱"监督机制，提升村民参与积极性。但项目存在分类标准不清、资源化利用水平低、治理队伍专业能力不足等问题。建议强化宣传教育，优化分类流程；引入智能设备，提升处理效率；健全长效管护机制，推动城乡垃圾治理一体化。

关键词： 农村生活垃圾　源头分类　村民自治　资源化利用　人居环境

　　农村生活垃圾治理是农村人居环境治理的重要组成部分，是贯彻乡村振兴战略的必由之路，也是打好污染防治攻坚战的重要任务。

---

* 耿兵，中国农业科学院农业环境与可持续发展研究所研究员，主要研究方向为农村人居环境；朱洁，中国农业科学院农业环境与可持续发展研究所副研究员，主要研究方向为农村人居环境；刘丽媛，中国农业科学院农业环境与可持续发展研究所助理研究员，主要研究方向为农村人居环境。

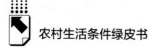

《农村人居环境整治提升五年行动方案（2021—2025年）》提出"加快推进农村生活垃圾源头分类减量，积极探索符合农村特点和农民习惯、简便易行的分类处理模式，减少垃圾出村处理量"。党的二十大报告首次提出要建设宜居宜业和美乡村，将农村生活垃圾无害化、资源化、减量化推向全面加速阶段。2024年中央一号文件提出因地制宜推进生活污水和垃圾治理，完善农民参与和长效管护机制。全国各地认真贯彻党中央、国务院决策部署，集中整治了一批农村生活垃圾治理方面的突出问题，取得了显著成效，并在一定程度上扭转了我国农村长期以来的脏乱差局面。但当前我国农村生活垃圾治理仍呈现总体水平不高、区域发展不平衡的态势，农村生活垃圾治理能力还难以很好地适应新时代美丽乡村建设的新要求，难以满足农民群众对美好生活的向往，农村人居环境仍有较大的改善空间。对四川省丹棱县农村生活垃圾治理模式的调研发现，村民互助自治程度较高，政府权力下放，群众互动性较高，最终形成了"村民互助自治、政府引导、社会参与"的多方协作共赢局面，不仅使垃圾源头分类减量成效和资源化利用率极大提高，还提高了农村人居环境舒适度。这也为经济欠发达的丘陵山区建立农村生活垃圾分类模式提供了经验借鉴。

一　基本情况

丹棱县隶属于四川省眉山市，位于四川盆地西南边缘，地势西北高、东南低，地处成都平原经济区和成渝地区双城经济圈内。2023年，丹棱县实现地区生产总值91.08亿元，同比增长8.6%。其中，第一产业增加值16.38亿元，同比增长4.5%；第二产业增加值34.12亿元，同比增长11.2%；第三产业增加值40.58亿元，同比增长8.3%。农村居民人均可支配收入增长6.6%。四川省是我国的农业经济大省，丹棱县依托不知火柑橘打造了生态农业和观光农业，实现经济收入的提升，农村生活垃圾产生量也随之大幅增加，如何兼顾乡村建设发展和环境保护是丹棱迫切需要解决的现实问题。丹棱县作为一个农业基础良好、农民富裕富足的农业县，多年来在农村生活垃圾治理方面也做了很多工作，人居环境逐步改善，但仍有不足。丹棱县在推进农村生活垃圾治理过程中面临如下三大难题。

一是垃圾源头分类减量成效不佳。丹棱县主要采用"农户初分与定点、村保洁承包人二分、村集体和环卫部门清运"的分类收集模式，其分类成效主要由村民决定。丹棱县的农村生活垃圾源头分类减量率约为60%。为提高源头分类效率，丹棱县积极采取了标语、手册、海报等形式进行宣传引导，但由于宣传内容过于简单、宣传形式较为单一、分类方式未作具体解释，村民对生活垃圾分类标准的知晓率不高，即使有意愿参与垃圾分类的村民也因无法参照分类标准而难以进行分类。此外，丹棱县农村老龄化严重，老龄人口对于生活垃圾分类的接受度有限，全县仍然存在有害垃圾非统一收集、可回收垃圾与其他垃圾混合丢弃等现象，垃圾源头分类、减量效果相对较差。

二是垃圾资源化利用率不高。在农村生活垃圾资源化处理方面，丹棱县主要采取自家堆肥、可回收垃圾自行售卖或兑换积分、有害垃圾定点投放等方式进行处理，垃圾就地、不出村处理率较低。对于堆肥处置来说，只有部分厨余垃圾和可回收垃圾可实现就地资源化利用，而厨余垃圾大多是通过沼气池或自行堆沤还田，但因其高盐、高油等因素，还田易造成土壤板结，堆肥资源化利用程度不高。此外，丹棱县资源回收利用企业相对较少，基本处于"小散乱"状态，回收网络难以实现全覆盖，导致回收利用效率下降。

三是治理队伍较为落后。丹棱县垃圾分类实行村民自治模式，即其治理措施主要由村民们共同参与制定。而丹棱县的村干部领导能力、认知水平和村民自身意识有限，缺乏专业性，这也导致生活垃圾分类工作推进力度不足、治理队伍水平较低等现象。

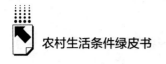

二 丹棱模式的主要做法及成效

秉着科学严谨的态度，丹棱县以"政府主导、市场运作，县域统筹、循序渐进，因地制宜、综合施策"为核心理念，在不断实践中逐步构建起了农村生活垃圾"户分类、组保洁、村收集、县转运"的治理体系，最终形成"因地制宜、分类收集、村民自治、市场运作"的治理模式，有效解决了财政支出困难、监督环节不足、基础设施匮乏等问题，示范性地开创了丘陵山区农村生活垃圾处理新模式，形成"村民互助自治、政府引导、社会参与"的多方协作共赢局面。其主要做法和成效归纳总结如下。

（一）农村生活垃圾治理体系初步成形

丹棱县主要采用村民互助自治与市场运作模式，结合当地实际情况，利用村民大会对生活垃圾治理的工作职责、承包费用、安全保障、考核办法和违约责任等问题协商予以解决，充分给予村民自主权和参与权，大大提高了村民的积极性和配合度。推行"项目管理、市场运作"的做法，通过在村召开村民大会对保洁岗位进行公开竞标，形成保洁承包责任制；设置专门负责生态环境的部门进行不定期巡查，并将巡查结果纳入考核；制定村规民约，创新"一元钱"监督机制，形成了村民、村组干部和保洁承包者三方相互监督局面，进一步推动了生活垃圾分类治理过程中各主体的互动沟通。以上措施进一步完善垃圾治理运行机制，使得农村生活垃圾减量、分类与收运工作变得更加规范、更加高效。

丹棱县根据农村垃圾特点，将村民作为治理第一责任人，开展初分类、再处理，推动农村生活垃圾减量化、无害化、资源化处理。垃圾初分主要采用四分法，将生活垃圾分为厨余垃圾、建筑垃圾、可回收垃圾和不可回收垃圾。其中，农村厨余垃圾主要投向农户的沼气池进行发酵堆肥，场镇餐厨垃圾统一收运至中机眉山再生能源有限公司处置；建筑垃圾就近铺路或填埋；可回收垃圾自行回收出售或送到超市兑换积分；不可回收垃圾定点投放，由县上招标公司收集暂存后定期进行无害化处置。垃圾处理承包人进行二次分类回收后，县里统一安排转运处理；农用类废弃物主要由第三方负责处置。目前，丹棱县农村生活垃圾的无害化处理率约为93%，基本实现无害化、减量化、资源化处理（见图1）。

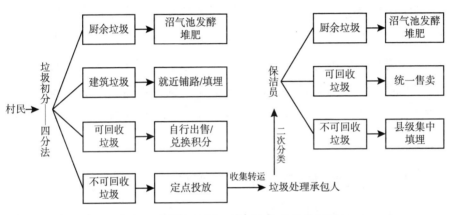

图1　丹棱县农村生活垃圾分类收集流程

此外，丹棱县统筹考虑了县内生活垃圾治理的各个环节，通过对全县每个村庄生活垃圾日产量及其分布情况进行全面评估，科学规划运输路线9条并优化调整垃圾运输时间。丹棱县遵循"方便农民、大小适宜"的原则，新建三分类、四分类垃圾亭2000余个，以配合原有垃圾分类池，满足群众投放需求。建成11个综合中转站（水平压缩转运站）；新增5辆车厢可卸式垃圾车、78辆自动分类三轮转运车。目前丹棱县有3套果蔬垃圾处理设备、沼气池19700口，普及率达75.77%。全县生活垃圾收转运处置体系覆盖率达100%，垃圾分类治理村、组覆盖率达100%，无害化处理率为93%，分类减量率约为60%，基本实现无害化、减量化、资源化处理。

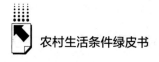

（二）农村人居环境明显改善

为解决丹棱县农村生活垃圾随意丢弃、资源化利用程度低、村庄环境差等问题，丹棱县对农村厕所、垃圾、污水、农业废弃物、村容村貌、乡风文明等方面同步实施治理。其中，农村无害化卫生厕所普及率为81.3%，生活污水得到有效处理的村占比为89.1%，农村生活垃圾整治率达到100%，农村生活垃圾治理模式初步建成。丹棱县针对生活垃圾分类治理制定了一系列政策制度，有效提高了村庄环境的整洁度，助力农村人居环境整治工作，提升了农村人居环境舒适度。丹棱县先后被评为全国首个农村生态文明家园建设试点县、全国农村人居环境整治激励县、四川省第4个国家可持续发展实验区、国家级生态示范区、全国农村一二三产业融合发展先导区、四川省首批实施乡村振兴战略工作先进县。

（三）村民参与积极性进一步提高

丹棱县在推行农村生活垃圾分类治理模式过程中充分发扬基层民主中的村民大会作用，建立"支部引领、群众参与、集中活动、常态治理"制度，保证了村民的参与度，并搭建起了村委会与村民双向互动交流平台，实现了农村党建与基层治理同频共振、同步提升，村民村级事务参与率达86%，村民"一事一议"参与率达100%。在生活垃圾治理的宣传上，丹棱县综合运用多形式、多层次的宣传方式，同步进行入户宣传，村民们基本有了分类处理的意识。村民的参与率、知晓率与自觉性显著提升。此外，依托农村生活垃圾治理后的良好环境，丹棱县通过打造乡村旅游项目，发展生态农业模式和观光农业，提高了村集体的经济收入。村民感受到了生活垃圾治理的益处及成效，通过"邻里效应"，村民的参与积极性日渐提高。丹棱县采取农村生活垃圾治理收费模式，即农户支付垃圾处理费并且接受多方监督，同时实施奖惩制度，不仅提升了村民遵守治理规则的自觉性以及互相监督的严肃性，也使得农村生活垃圾治理更加规范。

三　农村生活垃圾源头分类减量与利用模式的本质特征

适当的农村生活垃圾分类处理模式的选择关系着农村环境整治成本和效率的高低。农村生活垃圾分类处理模式是独立于城市生活垃圾处理的体系，农村生活垃圾分类应回归农村自然资源、社会组织结构等方面，结合政府管理机制去设计进而达到建立垃圾分类体系、村民养成垃圾分类习惯目的。基于农村生活垃圾源头分类减量与利用模式，梳理我国不同地区、不同经济条件的农村生活垃圾分类、源头减量处理现状，有利于整体性、系统性地发现农村生活垃圾分类减量及利用中存在的问题，并有针对性地提出政策建议。这有助于丰富农村生活垃圾治理相关研究，不仅为农村生活垃圾治理研究提供了新的视野，也为新形势下相似地区农村生活垃圾治理提供了参考。

此外，由于农村具有地处偏远、交通不发达、公共服务不完善、经济落后、人口密度低等特殊性，生活垃圾治理模式相比城市严重滞后，尤其是西部及偏远贫困地区。供给困境、制度困境、资本困境和治理困境等是我国农村生活垃圾治理过程中面临的突出问题，生活垃圾源头分类、垃圾资源化利用等已成为我国亟待解决的问题之一。因此，农村生活垃圾治理问题及对策研究对于公共服务、基层公共管理、公共治理等方面都具有积极而重要的理论意义：可有针对性地进行优化治理，降低治理成本；也有利于政府部门构建导向明确、可操作性强的治理体系；并可为条件相似的农村地区提供治理经验，进而

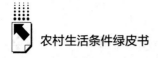

促进治理体系和治理能力现代化。

只有妥善解决好农村生活垃圾问题，改善农村环境，为村民营造舒适、美丽的人居环境，才能完成美丽乡村的建设任务，实现经济繁荣、设施完善、环境优美、文明和谐，农村居民才有更多的获得感和幸福感。

四　启示和建议

四川省丹棱县通过借鉴其他地方的治理经验，在实践中探索出"因地制宜、村民自治、项目管理、市场运作"的治理模式。其主要措施有两点：一是因地制宜，合理布局；二是农户初分，源头减量。四川省丹棱县村民互助自治模式的主要特征为村民互助自治程度较高，可见，村民是农村主体，也是农村生活垃圾产生源头，农村生活垃圾治理只有依靠村民的参与才能持久进行。这将政府、村民和市场与农村人居环境改善有机链接起来，形成共建共治共享局面，并能够为条件相似区域实现农村生活垃圾分类治理提供模式范本。

村民是农村生活垃圾的产生源头，其环保意识和行动支持是治理工作有效开展的重要提前。首先，应加强环保宣传教育，开展贴近农村实际、群众喜闻乐见的宣传教育，普及分类知识，树立"垃圾分类、人人有责、人人动手"的环保理念。发动群众参与农村生活垃圾分类，纠正不规范的投放行为，以充分提高村民的环保意识，从根本上提高农民对环保的认知水平，改变农民对生活垃圾治理的传统观念。进一步强化村规民约约束，明确村集体、村民垃圾分类的责任和义务。其次，提升农村生活垃圾收集处理能力。应因地制宜增加垃圾分类设备的投入，并推动垃圾处理的智能化，以智治提升符合农村生活垃圾治理要求的硬件设施，实现垃圾有效回收，助力改善农村环境卫生，夯实治理基础。再次，要建立农村生活垃圾治理长效机制。通过建立成熟的协同机制和流程，使相关部门及人员明确知道各自应该做些什么、如何做，只有这样才能将工作更好地开展下去，发挥协同治理应有的成效。最后，优化资源化利用方式。健全可回收物产业链、引进先进技术设备提升垃圾处理能力，是政府解决环境问题、提供优质公共服务的技术支撑。要推动农村生活垃圾治用结合、回收利用。

G.12

"厕污共治，产居共享"助力农村基本具备现代生活条件

——以铜陵市义安区西联镇姚汪村为例

高 艺*

摘 要： 安徽省铜陵市姚汪村采用"无动力生活污水资源化系统"，将厕所黑水与生活灰水通过土壤渗滤技术转化为庭院经济资源。项目覆盖82户，建设单户与联户处理设施，实现污水零排放，同时提升土壤肥力，推动猕猴桃种植和渔业养殖，年产值超百万元。通过财政补贴和村民自筹保障运维，打造"污水变资源、庭院促增收"的生态循环模式。建议推广智慧管理系统，加强技术培训，探索"厕污治理+产业振兴"融合发展路径。

关键词： 厕污共治 庭院经济 无动力处理 资源化利用 生态循环

2021年12月，中共中央办公厅、国务院办公厅印发了《农村人居环境整治提升五年行动方案（2021—2025年）》，强调要"坚持农业农村联动、生产生活生态融合，推进农村生活污水资源化和循环利用""积极推进农村厕所粪污资源化利用，逐步推动厕所粪污就

---

* 高艺，农业农村部成都沼气科学研究所助理研究员，主要研究方向为农业环境学。

地就农消纳、综合利用"。农业农村部、国家乡村振兴局印发《关于鼓励引导脱贫地区高质量发展庭院经济的指导意见》，提出"强化庭院经济发展与自然环境相融合、与乡村建设和乡村治理相结合，促进经济效益与生态效益、社会效益相统一，绿化美化庭院，改善农村人居环境，实现资源利用更加高效，庭院环境更加美丽"。因此，以生活污染治理促庭院经济发展具有重要意义。

土壤渗滤技术是一种深度处理农村分散式生活污水的技术，由于其具有运行简单、建设成本低和污染物去除率高等优点，受到越来越多的关注。采用化粪池对厕所粪污和生活污水进行收集和预处理，实现粪污无害化；利用小菜园、小果园、小花园、小田园建设土壤渗滤系统，为蔬菜等农作物供水供肥，以资源化利用手段实现粪污和生活污水的就地消纳，即实现粪污和污水的全利用、零排放。此外，对庭院消纳模式环境风险和人体健康风险的评估也证明，该技术模式能起到改良农用土壤、减少化肥农药施用等良好效果。

一 基本情况

姚汪村位于安徽省铜陵市义安区西联镇中北部，村内地势平坦、沟渠纵横，属于沿江圩区。全村区域面积 3.13 平方公里，其中耕地面积 2701 亩、林地面积 600 亩、水面面积 500 亩，经济发展以农业为主。2022 年 3 月，中国农业科学院农业环境与可持续发展研究所将姚汪村汪家墩自然村作为华东地区农村厕所改造与生活污水一体化治理示范点，通过示范点建设对该村生活污水进行资源化高效利用，不仅改善了农村人居环境、提高了村民收入，还为和美乡村建设、可持续发展起到了引领示范作用。

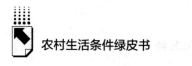

二 主要做法和成效

考虑到姚汪村汪家墩自然村的农房整体呈现"大分散、小集中"的布局，单独建设污水处理设施成本高、难度大、运维难，本项目以经济、实用、可持续、资源化利用为原则，依据汪家墩的村庄布局、区位特点、污水排放现状，采用了农村无动力生活污水资源化利用系统进行生活污水处理，并实现资源化利用。

结合农田土壤渗透率、土壤容重和农田种植方式计算环境承载力和农田资源化利用效率，定制适宜姚汪村的农村无动力生活污水处理系统。并在实现黑水、灰水无害化的基础上，实现就地、就近、就农资源化利用，为全县乃至全省农村改厕、污水处理与资源化利用起到典型示范作用。

姚汪村汪家墩自然村共82户，根据村内地形、农户分布等具体情况，本项目制定了单户、联户两种模式相结合的方案。其中单户模式共20户，联户模式共6组62户，实现了整村生活污水处理全覆盖，减少了资源浪费和污染，同步实现了污水的无害化和资源化利用。

姚汪村采用农村无动力生活污水净化系统处理生活污水，该模式将厕所黑水和生活灰水一并收集至三格化粪池进行预处理，利用地下布水系统输送生活污水至农户房前屋后小菜园及小果园的地下土壤中，污水通过毛细管浸润和土壤的渗滤作用，在土壤—植物—微生物系统的沉淀、截留、吸附和降解等共同作用下，得到净化（见图1~图4）。系统土壤上方种植的作物不仅可以通过根系吸收污水的氮、磷等营养元素，降低系统的处理负荷，还可以吸收水分，降低灌溉水用量。

农户生活产生的厕所黑水及生活灰水为庭院经济的发展提供了水

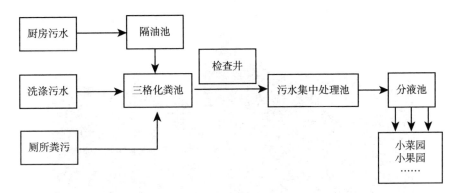

图1　农村无动力生活污水净化系统工艺流程

图2　农村无动力生活污水净化模式示意

图3　单户农村生活污水资源化利用实景

图4 联户农村生活污水资源化利用实景

肥资源，土壤中的微生物多样性和丰度均有不同程度提高；耕层土壤有机质、总氮、总磷分别提高1%、10.05%和5%以上，肥力有所增加；种植的蔬菜作物符合国家食品安全标准，可溶性糖、铁、维生素C等作物品质指标均有不同程度的提升（见表1）。

表1 地上作物检测数据

庭院菜园类型	粪大肠菌群含量（MPN/g）			蛔虫卵死亡率（%）		
蔬菜	白菜	黄瓜	萝卜	白菜	黄瓜	萝卜
普通户	<3	<3	<3	100	100	100
示范户	<3	<3	<3	100	100	100
指标	白菜		黄瓜		水萝卜	
对比类型	示范户	普通户	示范户	普通户	示范户	普通户
可溶性糖（%）	0.21	0.27	0.22	0.36	0.22	0.34
pH值	5.87	5.7	5.37	5.53	5.22	5.70
铁（mg/kg）	13.0	12.9	6.7	3.1	41.9	17.2
粪大肠菌群（MPN/g）	<3	>3	<3	>3	<3	>3
亚硝酸盐（mg/kg）	—	—	—	—	—	—

该模式不仅改善了当地农村人居环境，还提高了村民收入，具体成效如下。

（1）降低建设及运维成本。在保证实现村中污水处理目标的前提下，选择生态治理技术模式，无须组建清掏队伍，无须购置车辆转运，无须建立中转站，无须购买污水处理设备或建设污水处理厂/站。在减少资源浪费与污染的同时，该模式大大降低了建设及运维成本。

（2）有效减轻管护压力。无需电力、菌剂，系统基本实现自运行。该模式的大规模应用可引导农户自用自管，不用补贴组建清掏队伍、配置人员和车辆，免去粪污清掏及污水处理等维护费用。

（3）提升土壤环境质量。该模式无须施用化肥，将原本的生活污水变废为肥，提高了土壤环境质量。此外，产出的有机水果及蔬菜口感更好、更有营养，为农户节省种植成本。

（4）节能降碳，反哺田园。该模式有效利用生活污水中氮磷等资源，避免污水外排引起水体富营养化、破坏水体生态平衡，又能节省灌溉用水。

（5）村中基本实现"看不到污水、闻不到臭味、听不到怨言"，提升了农村风貌，改善了村民居住环境，获得村民高度认可与支持。

（6）经济效益超出预期。户均投入4000~5000元参与农村无动力生活污水净化系统建设（根据实际工程量有浮动），每年节约农田/菜园肥料100千克/亩，每年节约化粪池清掏费用约50元、每年节约灌溉用水2吨。全村整理出10亩农户房前屋后有效耕地，2022年引种了中国农科院郑州果树研究所"中猕2号"猕猴桃，预计亩产量1500~2000公斤，收益30000~40000元/亩（丰产期）。受益于该模式对村内生活污水的有效处理，村内15亩池塘水质得到显著改善，可发展渔业养殖。

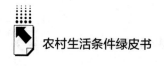

三 经验启示

（一）舆论宣传氛围要浓厚

农村生活污水治理是一项惠民生、利长远的重大工程，仍有部分村民对农村生活污水治理认识不足，参与农村生活污水治理的主动性、积极性不高。因此，要加大环境保护的宣传力度，拓宽宣传渠道，让群众真正感受到周边村庄污水治理的现实改变，提高村民对农村生活污水治理、建设美丽乡村重要性的认知，引导广大人民群众参与农村生活污水治理工作。

（二）运维管护机制要完善

运维管理方面，项目建成后，姚汪村创新探索出财政预算安排一点、涉农资金整合一点、集体经济收益部分补助一点、受益群众自筹一点的"四个一点"运维费用众筹机制。

运维保障方面，设置公益性岗位，整合治理网格员、环境监管员职责，全面落实农村生活污水处理设施管护制度，大大提高了农村生活污水处理设施运维质量。

四 存在的问题

污水处理设施的长效运行涉及调查监测、建设施工、运营管护等多个环节。调查监测方面，由于农村生活污水处理设施建设运维的资金来源复杂，加之农户居住分散，设施的建设和运行信息多头分散、变化频繁，地方政府及时获取、更新完整设施信息的难度较大。另外，受限于处理设施分布散、资金紧张等因素，该模式中农村污水处理设施不具备在线监测条件，完全依靠运营主体自行或委托第三方手动监测。

五　对策与建议

为了使农村生活污水资源化利用更科学、更智能、更精准，后期可在姚汪村生活污水处理设施处打造农村生活污水智慧管理系统，投放农村生活污水处理设施前端感知设备。这些设施可实时采集设备感知、运维巡检、市镇村分级检查等数据，并传输到智慧管理系统。村民可通过智慧管理系统清楚地了解自家生活污水处理的情况，并进行故障上报、意见反馈等，做到"自家设施自家管"。设施的运维和监管人员不需要跑遍每个乡镇，而是根据村民上报情况就可精准解决问题，实现了"污水进、管子通、机器转、出水好、环境美"的目标。

G.13

"特色旅游+美丽乡村"融合发展
全力提升农村现代生活条件

——以黑龙江省密山市白鱼湾镇湖沿村为例

何龙娟　蔡孟玉*

摘　要：　黑龙江省湖沿村依托兴凯湖旅游资源，构建"民宿+农业+文化"的产村融合模式。通过规划引领整合资金1996万元，完善道路、供暖、物流设施，引入途远集团发展民宿集群，村集体年增收140万元。创新"村企共建"机制，推动基础设施与产业协同升级，实现人居环境与旅游服务双提升。面临资金短缺、产业融合深度不足、专业人才匮乏等挑战。建议强化资源开发，培育特色产业；优化投融资模式，引导社会资本参与；完善村庄规划与人才保障政策。

关键词：　产村融合　乡村旅游　农村基础设施　美丽乡村　长效运营

党中央、国务院高度重视农村基础设施建设，多次强调要继续把公共基础设施建设的重点放在农村。党的二十大报告提出到2035年农村基本具备现代生活条件的目标。2022年中央农村工作会议进一

---

* 何龙娟，中国农业科学院农业经济与发展研究所副研究员，主要研究方向为农业农村投融资政策；蔡孟玉，中国农业科学院农业经济与发展研究所助理研究员，主要研究方向为乡村振兴理论与政策。

步强调要瞄准农村基本具备现代生活条件目标，提高农村基础设施完备度、公共服务便利度、人居环境舒适度。2024年中央一号文件提出，要推进农村基础设施补短板、统筹县域城乡基础设施规划建设管护。随着乡村振兴战略深入实施，各地积极探索产村融合、城乡一体等方式，大力推进乡村建设投融资模式创新，在充分发挥政府主导力量基础上，有效激发金融、社会力量、村集体、村民的参与活力，确保农村基础设施、公共服务和人居环境各类设施长效运营。课题组在黑龙江省密山市白鱼湾镇湖沿村调研发现，以乡村民宿等特色旅游为依托，配套村庄基础设施建设、环境整治等乡村建设项目，不仅能为乡村产业发展和农民就业增收提供物质支撑，还能有效解决乡村建设资金不足、管护职责落实难等问题，更能实现农村基础设施建设运营管护一体化，有效满足农村基本具备现代生活条件要求。

一　基本情况

黑龙江省鸡西市密山市白鱼湾镇湖沿村，南临中俄边界最大的湖泊兴凯湖，北倚蜂蜜山，距离城区46公里，拥有黄金湖岸线3.5公里，区位优势明显，风景优美独特。全村总面积10.5平方公里，耕地面积16713亩，辖6个村民小组460户1640人。2023年以来，该村以创建"美丽、生态、宜居"村为目标，依托白鱼湾镇全域旅游发展思路，走"特色旅游+美丽乡村"融合发展道路，通过发展集民俗旅游、观光采摘、综合服务等于一体的农文旅特色产业，全面统筹产业转型、基础设施、人居环境、公共服务等建设。2021年重点整治村庄人居环境以来，村民生产生活现代化条件得到了极大提升，更好地支撑了宜居宜业和美乡村建设，曾获得全国第二批乡村旅游重点村、中国美丽休闲乡村、黑龙江省文明村标兵和省旅游示范点等荣誉。

二　做法成效

一是注重规划先行，因地制宜提升乡村建设水平。白鱼湾镇充分整合利用兴凯湖、蜂蜜山、"完达山一号"（某东北虎）等丰富的旅游资源，编制全域旅游规划，将村庄公共基础设施建设、人居环境整治和重点公共服务配套统一纳入规划，以全域旅游统筹城乡全面建设。湖沿村在市镇的全域旅游框架下，坚持规划先行。2023年在密山市统一推动下编制了村庄规划，因地制宜规划建设"共享农庄"、俄式民宿、冰雪嘉年华等特色旅游项目，配套村庄基础设施、环境整治等乡村建设项目，实现当年设计、当年建设、当年使用，有效提升村庄规划编制成果质量，村屯基本具备现代生活条件。

二是注重产业带动，助推乡村现代生活条件提档升级。湖沿村作为密山旅游开发的重要项目之一，始终秉承"乡村就是景观"的理念，着力推进农村特色景区建设，打造了民宿营地、文化广场、党员教育培训示范性农村党校等，创办了包含民宿、农家院、小卖部等多种业态的"巧嫂农家游一条街"，建起了集餐饮、住宿、停车场于一体的"湖沿渔家新村"。湖沿村结合民宿、酒店等旅游设施建设，完善餐饮、娱乐、停车场和旅游公厕等旅游服务场所设施，推进道路、边沟、供水设施、排污管网、垃圾中转站、标识标牌、路灯、绿化、集中供暖设施和入户管网设施等一系列民生工程建设，联合劳动村、勤农村等7个村党支部打造"稻田画"乡村特色景点，促进了美丽乡村建设与旅游景观建设交相辉映、相得益彰，推进了景区和农村一体化进程，打造了宜居宜游宜乐的美丽乡村，2023年，湖沿村被农业农村部评为"中国美丽休闲乡村"。目前，村内供水稳定安全，实现24小时供水，供电可靠率达到100%，房屋砖瓦化率达到99%，有线电视入户率达到 100%，电话入户率达到 100%，主干道和广场路灯全部亮化，实现集中供热，厕所粪污实现无害化处理，生活垃圾基本实现日产日清。

三是注重资金保障，确保乡村建设项目资金高效投入。湖沿村通过对上争取、村里自筹等方式，多渠道筹集美丽乡村建设资金。近年来，密山市不断加大对湖沿村基础设施建设投入，2023 年投入财政衔接推进乡村振兴补助资金 1870 万元，围绕民宿旅游项目硬化路面、完善村屯环境卫生等基础设施，使湖沿村整体基础设施条件更加完备。在农村公路建设中，密山市紧紧围绕农村公路"怎么建、如何管、怎样见实效"等问题，采取"向上争一块、政府投一块、乡村添一块、驻市单位帮一块、交通内部筹一块、精打细算降一块、冬季备料省一块、出台政策减一块"的办法，积极争取各类资金 1996 万元用于完善全村道路、边沟修护。在村容村貌提升方面，2024 年投入 100 万元在五组新建石砌明排和边沟 1600 米，在三组种植树木 470 余棵和波斯菊 9 公里，进一步改善村内整体人居环境，实现村屯宽化、绿化、美化。在供暖设施建设方面，利用衔接资金 300 万元支持总投资 1500 万元的集中供暖设施建设，引进供暖企业负责运营。在农村综合服务设施建设方面，全面升级改造湖沿村供销社 775 平方米，设立旅游景区便民小卖部，打造网红墙，积极探索"村播+产业"发展模式，利用抖音、微信、快手等平台发展订单农业，支持直播带货，助力乡村产业发展。

四是注重村企共建，确保乡村建设项目持续运营。湖沿村引进途远集团、曲别针集团等国内知名企业，联合开发特色旅游资源和生态资源，盘活乡村闲置资产，通过村企共建方式，完善利益联结机制，壮大村集体经济，培养多元人才队伍，确保乡村建设项目长效运营。与途远集团合作运营的途远白鱼湾度假农庄项目，已于 2024 年 8 月 21 日试营业，带动了村庄基础设施和村容村貌提档升级。村集体以闲置资源入股方式，每年从途远集团获取不低于130万元的分红。另外，湖沿村与当地餐饮服务业领头人合作开发琴海小筑项目，每年为村集体增收 2.5 万元。再加上机动地发包收入及游客之家、旧村部房屋等闲置资产出租收入，村集体经营性收入可达 140.2 万元，非经营性收入可达 195.66 万元。村集体利用经营性收入支付村级公益岗位人员工资，以及村内污水垃圾、文娱广场、管网、照明、绿化等配套设施运营维护经费等，有效保障了各类设施长效运营的资金投入。

五是注重农民参与，健全乡村建设项目全周期管理机制。在村庄规划方面，坚持农民主导和"多规合一"改革方向，按照"发动农民参与+专业技术人员赋能+在地规划人才培养"的思路，推进规划编制有效实施。在规划宣讲上，积极引导和动员常住村民全程知晓、参与。在规划编制上，通过会议协商、入户调研等方式征求村民需求。在规划公开上，简化规划图标和管制规则，打造"村民版"规划成果。在设施建设方面，湖沿村引导村民以投工投劳、志愿服务等方式积极参与精品村建设，重点打造"菜园+农家乐+乡村旅游"型"巾帼生态小菜园"，被评为省级"巾帼生态小菜园"试点村。在设施管护方面，湖沿村以村容村貌提升为重点，建立专职清洁队 1 个，设立专职清洁员 3 名，购置垃圾清运车 4 台、铲车 1 台，月均清理垃圾 7 吨，生产生活垃圾基本实现"即满即运、日产日清"，真正打造整洁、干净、靓丽的美丽村庄，全面提升了人居环境质量。目前，村民对村内基础设施、公共服务、人居环境满意度达到90%以上。

三　困难问题

一是村庄发展资金依然短缺。首先体现在基建维护资金不足上。村庄基础设施升级和乡村环境维护需求日益增长，基础设施老化问题凸显，尤其是太阳能路灯因长期使用亮度显著衰减，急需更新换代。同时，为营造和谐统一的村庄风貌，房屋改造也显得尤为迫切。这些项目升级和必要改造均需巨额资金投入，当前村庄可调配的资金难以满足发展需求。其次体现在环境美化成本较高上。庭院亮化设计、村屯绿化等美化工程均需要较大的成本投入，资金不足限制了庭院亮化设计的多样性与创意性，难以在短时间内产生显著的生态效益与达到观赏效果。最后体现在文化设施建设支持不足上。湖沿村具有丰富的肃慎文化与非遗资源，由于资金不足，目前尚未建设系统的展示区和村史馆，这些宝贵的文化遗产难以得到充分展示与传承。

二是产业融合深度依然不足。首先，民俗文化资源的挖掘和展示不够充分，未能形成更多具有影响力的文化旅游品牌。湖沿村拥有丰富的自然资源与文化资源，部分山地资源的旅游开发仍处于初级阶段，相关旅游产品和线路开发不够成熟。其次，在追求乡村产业发展的同时，如何平衡生态保护与资源利用成为难题。乡村产业发展、生产经营活动邻近国家级自然保护区核心区，导致乡村产业发展成本增加。最后，湖沿村的旅游资源、文化特色及冬季旅游项目市场宣传不足，尤其是兴凯湖大白鱼品牌、鱼皮画非遗，未能得到充分展示与推广，导致游客对本村冬季旅游项目关注度低，难以实现旅游业四季发展的目标。

三是专业技术人才依然匮乏。现有基层工作者在专业能力、市场洞察力及战略思维上存在不足，难以引领村庄实现科学决策和高效执行，限制了村庄产业发展的创新，导致发展策略滞后，市场竞争力不足。另外，人才引进机制不完善，传统人才招聘渠道与激励政策难以吸引和留住高素质、高技能专业人才，导致产业规划、旅游与营销推介等方面专业人才匮乏。

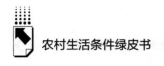

四　启示建议

乡村建设是一项系统工程，需要投入大量资金，目前大部分村庄筹措资金的能力和水平有限，习惯依赖政府投资，缺乏运用市场化手段获得资金支持的措施，造成很多建设项目推进困难。特色旅游产业与美丽乡村建设是相互依存、相互促进的。既要强化政府对产业发展与乡村建设的统筹协调，又要有效引导构建全产业链、多元主体、多样形式的复合利益联结机制，不断激发社会力量对村庄公共基础设施等准公共品建设的投资活力，实现乡村建设成果长效运营。本文结合白鱼湾镇湖沿村典型案例的做法经验和当前我国乡村建设的趋势方向，为充分发挥产村融合模式优势、创新乡村建设投融建运管机制、助力提升农村现代化生活条件，提出以下建议。

一是推进资源开发，培育壮大乡村特色产业。各类村庄要深入挖掘自身优势，整合开发自然、文化、生态等资源，发展特色旅游等产业，实现资源变资产、资产变资金，为乡村建设提供永续动力。发展特色旅游的村庄，要深入挖掘特色旅游资源，避免同质化竞争，打造具有地域标识性的旅游产品与线路。要加强不同景点、村落之间的资源整合与协同合作，形成旅游资源共享、客源市场互动、旅游产品互补的发展格局。另外，要注重旅游产品的创新与升级，结合现代旅游消费趋势，融入体验式、参与式、定制化元素，满足游客多样化需求，提升旅游吸引力与竞争力。

二是强化村企共建，引导企业积极参与乡村建设。推动企业在乡村建设中主动扛起社会责任，通过直接投资、资本金注入、PPP等模式参与乡村建设，并结合项目特点，与产业上下游纵向联合，与区域内其他项目横向联合，扩大项目本身效益，从技术、资金等方面支持共建村的道路、水利等基础设施建设，改善农村环境。村级党组织加强对群众的宣传教育，引导群众支持企业发展，积极协调处理各类矛盾纠纷，优化企业营商环境。地方政府通过建立"四张清单"——资源清单、需求清单、项目清单和效益清单，更系统、更精准地开展项目规划和资源配置，确保各项工作真正落到实处，有效提升乡村生产生活现代化条件。

三是聚焦核心任务，完善财政投入保障机制。合理划分中央和地方政府的财权和事权，分级分类强化乡村建设投入，确保乡镇一级基层政府具备乡村建设的财政保障能力。进一步加大中央预算资金、乡村振兴衔接资金、土地出让收益支农资金等对乡村建设重点项目的投入力度，将符合条件的乡村建设项目纳入国债、超长期国债支持范围。鼓励地方整合相关资金统筹使用。综合利用转移支付、差别化补助、税收优惠、基金债券等多种支持方式。鼓励地方政府设立乡村建设投资基金，更好地发挥财政资金对金融社会资本的引导作用。

四是创新投融资模式，拓宽资金多元筹措渠道。鼓励金融机构创新抵押担保方式、风险补偿机制，探索推行"统贷统还"等综合收益平衡模式、"先贷后借"等金融支持工具，加大政策性开发性金融对乡村建设的信贷支持力度，鼓励商业性金融机构参与。鼓励各地采取财税优惠政策、完善投资指导目录等方式，降低社会资本准入门槛。采取建养一体化、城乡一体化、区域整体化等方式，有效引导社会资本深度参与。完善农村"一事一议"制度和农民筹资投劳办法，探索建立农民入股参与经营性、准经营性设施建设运营管护机制，培育和发展服务性、公益性、互助性乡村建设社会组织，保障农民的知情权、决策权、参与权和监督权，组织和动员农民参与决策、投身建设。

五是完善政策保障，推进乡村建设长效运营。统筹考虑乡村建设需求和发展趋势，完善乡村建设的用地、人才等要素配套政策，

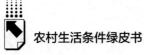
强化政策协同合力。优先保障乡村建设项目用地，鼓励各地通过积极开展全域土地综合整治、盘活利用乡村存量建设用地等方式，将新增建设用地指标优先用于乡村建设用地需求。探索建立乡村工匠培养和管理制度，鼓励熟悉乡村的专业技术人员参与乡村建设。完善农村公共基础设施和人居环境设施及相关配套设施设备的建设、管护、运营标准，推动相关标准动态更新优化，有效推动乡村建设标准化。

G.14
"多规合一"村庄规划赋能乡村振兴与生活条件提升

——以江西省黎川县十里村为例

钟滨 严冬*

摘　要： 江西省十里村通过"多规合一"村庄规划，统筹产业、生态与建设用地，创新采矿权与土地使用权组合出让模式，引入矿泉水龙头企业，预计年利税超亿元。同步发展智慧渔业、百香果种植和竹木加工，打造"喜滋一品"品牌，村集体收入突破百万元。规划注重村民参与，优化公共服务布局，建设"一老一小"幸福院解决养老育幼难题。经验表明需加强产业策划、明晰土地权属、深化村民自治。建议推广"规划引领+要素突破"模式，推动三产融合振兴乡村。

关键词： 多规合一　村庄规划　要素突破　三产融合　乡村振兴

一　基本情况

十里村系江西省抚州市黎川县日峰镇下辖村，村域面积9.22平

* 钟滨，江西省国土空间调查规划研究院高级工程师，主要研究方向为遥感与土地利用规划；严冬，江西省国土空间调查规划研究院高级工程师，主要研究方向为国土空间规划与用途管制。

方公里，下辖 11 个自然村 13 个村民小组，共有 569 户 1893 人，2023 年村集体经济收入超 100 万元。村内交通便利，894 县道自村域南北穿境而过。全域自然要素呈现"六山一水两分田，还有一分是庄园"特征，村内田园错落有致，村民依水而居，更有百年古树矗立于村落中心，素有"黎滩明珠，诗画十里"的美称，为江西省 5A 级乡村旅游点（见图 1）。

图 1   "黎滩明珠，诗画十里"

二　主要做法及成效

十里村以习近平新时代中国特色社会主义思想为指导，围绕乡村振兴五大目标，按照"党建引领、规划先行、多产融合、快速突破"的发展思路，创建了支部联建、项目联办、人才联育、乡风联树、环境联创的"五联党建"品牌，走出了独具特色的三产融合发展之路。

（一）坚持党建引领，赋能乡村振兴

十里村是江西省定"十四五"乡村振兴重点帮扶村，责任帮扶部门为江西省自然资源厅直属省国土空间调查规划研究院。省自然资源厅党组、研究院党委深入贯彻习近平生态文明思想和习近平总书记关于乡村振兴工作的重要论述，高度重视驻村帮扶工作，2021 年 7 月开始派驻驻村工作队至 2023 年 8 月轮换，前后两个批次的驻村工作队员均由 1 名博士和 2 名硕士组成，专业涵盖地质、土地、规划、测量等多个领域。驻村工作队积极推动十里村党总支与 10 多个党组织开展支部结对共建联建，共同开展支部活动，实施"我为群众办实事"等系列活动，制定揭榜挂帅定负责、三事一提明考核、优绩优酬评效益制度以及乡村长效管护机制，激发了党员群众干事创业激情，提升了基层党组织的战斗力。驻村工作队依托共建党组织在专业领域的技术职能优势，统筹推进，赋能乡村振兴。驻村帮扶以来，十里村先后获得人民网乡村振兴创新案例、国家级水产健康养殖和生态养殖示范区、江西省乡村振兴模范党组织、省级乡村治理示范村、江西省"风景独好"旅游名镇、江西首届江西新时代乡村振兴优秀案例、江西省乡村振兴示范村、江西省 5A 级乡村旅游点、江西省文明村镇、江西"党建+农村互助养老服务"省级示范点、抚州市红旗党支部等称号。

（二）坚持规划先行，明确振兴方向

驻村帮扶伊始，工作队发动党员骨干免费为十里村编制"多规合一"村庄规划，引导党员群众建言献策，共同谋划产业发展、空间布局、基础设施，对村庄环境和基础设施进行重点提升，提出"调优做强一产结构，延伸农业价值链""引进培育高质二产，做强工业产业链""打造盘活特色三产，补强全域文旅链"的发展思路。规划依托山水格局和村庄肌理，通过用活土地资源、做强特色产业、培育文明乡风、提升治理水平、改善人居环境，为十里村铸骨、造血、塑魂、修容，将十里村建设成形态美、产业美、人文美、风貌美

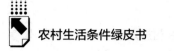

的示范村，打响"黎滩明珠，诗画十里"的旅游名片，有力有序推动乡村振兴全面发展。

规划针对十里村部分宅基地闲置、产业设施用地不足这一困境，实施划定基准线、盘活边角料、力求最优解"三步走"战略，在落实刚性约束的前提下，规划考虑近期及未来产业发展及项目建设需求，合理划定村庄建设边界，最终扣除城镇开发边界占用的村庄用地"203"后，规划基期年村庄用地规模为24.19公顷。规划按"一户一宅"政策要求，掌握本村域内可搬迁、拆旧潜力地块等可实施土地综合整治的存量建设用地面积0.83公顷，精准识别村庄用地"203"内无构建物、无法实施"增减挂"立项的用地，识别其他无建设需求且不适宜利用的面积3.36公顷，调整优化至异地并划入村庄建设边界。工作队坚持集中力量办大事的原则，将村域内的用地指标尽可能向产业发展用地腾挪集中，有效推动基本农田集中连片、建设用地集约节约、生态环境显著改善。腾挪前，农用地碎片化；腾挪后，村集体土地实现流转，城乡建设、产业发展有了空间。至规划末期，划定村庄建设用地21.91公顷，有效破除农用地零碎分散、建设用地闲置低效、旅游资源开发不足的困局。

（三）坚持生态优先，发展绿色产业

十里村围绕水、渔、米三大资源特色发展产业，做好自然资源要素支持保障工作。做优一产，推广现代化农业。通过流转排上村小组村民耕地40亩建设大棚，引入了福建种植户发展百香果，建设十里村黄金百香果采摘基地，预计年产百香果近4万斤，产值达40余万元。发展现代化鲈鱼苗培育，实时监测渔场的水质、含氧量、鱼群密度、水温等指标，自动增氧、投食，预计产值2000万元。

做强二产，推动高质量发展。工作队发挥专业优势，在十里村新发现全省储量规模最大的矿泉水源地，推动矿泉水以"采矿权+国家

建设用地使用权"组合包的方式出让给国内矿泉水龙头企业，在全国范围开了采矿权和土地使用权组合供应的先河，投产后预计年利税超1亿元。工作队通过规划助推十里村矿泉水资源转变成经济资源，进行了生态产品价值实现的有效探索（见图2）。工作队盘活村集体闲置土地资源，利用废弃粮库，建立米粉生产基地，引进抚州市龙头企业江西谷丰食品有限公司生产米粉，年产值可达2000万元，新增100多个就业岗位。工作队利用废弃工矿用地，建设高标准厂房，引入江西盈坤科技有限公司发展竹木加工产业，产值可达1000万元，新增15个就业岗位。

图2　十里天然矿泉水基地

做大三产，推进"农旅+贸易"。工作队按照"春花秋桔、夏荷冬莓、戏水品鱼、农耕研学"的思路，打造村域聚龙湾5A级乡村旅游示范点。注册"喜滋一品""十里飘香"等农产品品牌，搭建乡村振兴网上商场，打通线上、线下乡村特色产品销售通道，通过消费帮

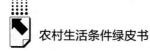

扶促农增收。积极挖掘米粉、黎米、茶油等特色农副产品，开展消费帮扶促农增收活动；搭建产销对接桥梁，2023 年度消费帮扶资金收入 17 万余元，进一步拓宽村集体经济增收渠道。

（四）坚持以民为本，开展乡村治理

工作队注重将为民宗旨贯穿工作始终，推动成立十里村人才工作站，对村里考取重点高中、全日制本科、硕士研究生、博士研究生的学生进行奖励，助力教育帮扶；创建"喜滋一品""十里飘香"等品牌，搭建乡村振兴网上商场，助力消费帮扶；打造"一老一小"幸福院（见图 3），解决空巢老人、留守儿童的忧心事烦心事，对符合条件的各类老人，按照每人每月 400 元的助餐标准补助，个人每月仅需出资 100 元；大力推动村庄黑臭水体治理，助力改善人居环境。

图 3　十里"一老一小"幸福院

推行以基层党建为引领，自治、法治、德治"三治融合"的现代乡村治理体系。坚持以自治增活力，下好治理"一盘棋"。完善村务监督委员会长效监督机制、"三务"公开制度，严格执行"一事一议""四议两公开"议事程序，形成多层次基层协商格局。修订完善村规民约，将社会治安、门前"三包"等列入，使村民有据可依、干部调解有章可循。成功打造说事堂，发挥老干部、老党员、乡贤群众基础好、威望高的作用，主导村民议事、纠纷调处、普法宣传。坚持以法治强保障，织密平安"一张网"。深入开展《宪法》《未成年人保护法》等普法活动，积极营造办事依法、遇事找法、解决问题用法、化解矛盾靠法的良好氛围。组建多元调解队伍，常态化开展矛盾摸排，积极调处矛盾纠纷。实行网格化管理，党员干部作为网格员分别对接一定数量农户，切实做到"小事不出村、大事不出乡、矛盾不上交"。坚持以德治扬正气，激活新风"一池水"。坚持道德红黑榜评选和感恩奋进主题教育，树立勤劳奋进、乐于助人和孝亲敬老的先进人物榜样，营造崇德向善的良好道德氛围。将移风易俗作为重点突破口，大力破除高价彩礼、铺张浪费等陈规陋习，弘扬崇德尚礼、勤劳致富的新风正气。十里村通过产业发展，持续巩固乡村治理成果：整合300余万元，逐步完成了1300米污水管网改造、35户厕所改造、1000余米路网白改黑和42盏路灯亮化工作，并完成"一宅两园"（宅基地变菜园、果园）、强弱电下地、改沟改塘等民生项目，绘就了"和谐秀美乡村"新图景。

（五）坚持"以点带面"，助力乡村振兴多翼振翅

深入学习领会习近平总书记关于"三农"工作的重要论述，坚持以"千万工程"为指引，以矿泉水产业为抓手，以点带面示范引领，走出乡村振兴资源变资产新路径。一是打造生态资源变资产示范点。十里村探索了"采矿权+国有建设用地使用权"组合供应新模

式，形成了矿泉水资源变资产的"黎川经验"。二是打造矿泉水产业链。引进国内矿泉水龙头企业示范带动，建立以矿泉水为主导的特色产业集群，在周边乡镇开展矿泉水调查工作，扩大"矿泉水+产业"覆盖面，已发现3处具有较好找矿潜力的靶区，水样符合偏硅酸矿泉水指标。三是融入全域旅游格局。依托聚龙湾5A级乡村旅游示范点，按照"春花秋桔、夏荷冬莓、戏水品鱼、农耕研学"的思路进行优化分区布局，擦亮"处处皆风景，人人可参与"的乡村近郊游招牌，推动融入县域大旅游格局。

三　经验启示

十里村锚定"走在前、勇争先、善作为"的目标要求，编制"多规合一"村庄规划，突出自然资源要素保障，着重把党组织作用发挥好，把帮扶措施抓实，推动乡村振兴各项工作提质增效。一是持续深化党建引领，发挥党员模范作用。只有坚持党建引领，建实建强基层党组织，充分发挥党组织战斗堡垒作用和党员先锋模范作用，做乡村振兴的排头兵、冲锋员，才能为建设美丽乡村注入强大精神动力。二是持续抓实专业服务，赋能乡村高质量发展。坚持规划先行，从实际出发，因地制宜，活用资源，挖掘特色亮点，高标准打造美丽乡村的新名片。充分发挥自然资源部门专业优势，释放政策红利，在产业发展、村庄建设、人居环境等方面，以更高水平的专业支撑为实施乡村全面振兴战略提供强有力的自然资源保障。三是持续抓好贴心服务，增进民生福祉。始终把群众利益装在心里、担在肩上，与基层群众面对面、心贴心，真正把惠民生、暖民心、顺民意的工作做到群众心坎上。只有紧紧依靠群众，充分发动群众，美丽乡村建设才能不断取得新成效。

四　存在的问题

（一）产业策划乏力

在县级国土空间规划已批复实施、"三区三线"已划定的情况下，更好地将现有资源变成资产还缺乏产业策划、运营人才和相关的配套政策。

（二）村民参与有限

江西省虽已制定"一户一宅"政策，但在村庄实际操作过程中，特别是针对祖宅基地等操作有难度，规划与建设衔接不畅。

五　对策建议

（一）在村庄规划编制层面要提质

（1）规划编制内容要从"大而全"转向"精而优"，做到突出重点、按需点菜，让村民看得懂规划。

（2）编制方式要从"蓝图型"转向"治理型"，坚持村民主体地位，把规划还给乡村，把设计还给村民，让村民守得住规划。

（二）在村庄规划实施管理层面要提质

（1）政策要提质。提升土地要素配置效率，加快新质生产力形成。盘活存量用地，在"人减地增"的情形下加快存量用地用途管制政策的协同实施。

（2）产业要提质。实行多专业人员参与的责任规划师制度，加强乡村产业策划能力培训，强化农业科技支撑。

附　录
我国农村生活条件建设的历史演进
与政策梳理

农村是我国社会发展的重要基石。改革开放以来，我国农村建设始终围绕提升农民生活水平、改善农村环境、促进城乡融合发展的核心目标展开。我国农村生活条件建设经历了起步探索（1978~2002年）、快速发展（2003~2012年）、转型升级（2013年至今）三个发展阶段。本部分内容旨在系统梳理我国农村生活条件在不同历史阶段的历史演进过程，分析国家相关重要政策与举措，以期为未来农村生活条件建设的深入推进提供有益的参考和借鉴。

一　农村生活条件建设[①]

（一）起步探索阶段（1978~2002年）

这一阶段国家经济发展"重城轻乡"，农村经济以小农经济为主体。1978年改革开放后，农村地区积极推行"包产到户、包干到户"的家庭联产承包责任制，农民获得生产经营自主权，生产积极性大大

[①] 韦文册，中国农业科学院农业经济与发展研究所副研究员，主要研究方向为农业区域发展；张琳，中国农业科学院农业经济与发展研究所副研究员，主要研究方向为农业经济管理研究。

提升，剩余劳动力逐渐从土地上解放出来进入非农部门，实现了经济繁荣和资本积累。

这一时期，国家鼓励农民发展多种经营，支持乡镇企业和农村非农产业的发展，推行农村劳动力转移就业政策，引导农民向城市和非农产业转移；并先后实施了"开发式扶贫规划""国家八七扶贫攻坚计划"，以及一系列惠农和农业税减免政策，提升农民收入。农村交通设施得到改善，自行车、摩托车等交通工具逐渐普及。1978~1994 年，农村掀起了盖房热潮，发家致富的村民告别了简陋的土坯房和砖瓦房，住上了更加宽敞、明亮、舒适的楼房。在建房热潮中，也出现了一些问题，如房屋结构不合理、功能不完善、耕地被占用等。为解决这些问题，政府出台了《国务院批转第二次全国农村房屋建设工作会议纪要的通知》、《村镇规划原则》、《村镇规划编制办法》（试行）等政策，加强了对农村房屋建设的指导和规划，并提出了对乡村及周边环境进行综合规划的理念。1982 年，城乡建设环境保护部下设乡村建设管理局，负责指导和协调全国的农村房屋建设工作。

表 1　1978~2002 年农村生活条件建设相关国家政策

时间	政策、文件、会议名称	主要内容
1982 年	《国务院批转第二次全国农村房屋建设工作会议纪要的通知》（国发〔1982〕4 号）	把农房建设扩大到有规划地建设村庄和集镇上，要求搞好村庄规划，珍惜和节约用地、刹住乱占耕地之风，搞好建筑设计和施工，搞好建筑材料生产和供应，为广大农民服务
1982 年	《村镇规划原则》	研究确定村镇的性质与发展规模，合理组织村镇各项用地，妥善安排建设项目，以便科学地、有计划地进行建设。要珍惜土地，在人多地少的农业高产地区和有条件的地方，提倡建楼房。要充分利用原有设施，逐步改建，不断完善，避免求新过急、大拆大建。规划布局和空间组织要因地制宜、灵活多样，具有鲜明的地方特色和民族特点，避免追求脱离实际的形式主义

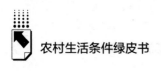
续表

时间	政策、文件、会议名称	主要内容
2000 年	《村镇规划编制办法》（试行）（建村〔2000〕36 号）	要求根据农业现代化建设需要提出村庄布局建议，预测人口规模与结构变化，提出村镇基础设施与主要公共建筑的配置要求
2000 年	《中共中央、国务院关于做好 2000 年农业和农村工作的意见》	提出加强农村基础设施和生态环境建设，更大规模地开展以水利为重点的农业基础设施建设，以植树种草、水土保持为重点的生态环境建设，以公路、电网、供水、通讯为重点的农村生产生活设施建设。

（二）快速发展阶段（2003~2012年）

这一时期，国家经济整体处于"城市反哺农村"的城乡统筹阶段，中国农村生活水平显著提高。在 2004 年党的十六届四中全会"两个趋势"论断的指导下，国家大幅提高"三农"财政支持力度，大力发展现代农业，采取了一系列措施来提高农民收入，如实施粮食直补、良种补贴、农机购置补贴等惠农政策，降低农民生产成本，增加农民收入；并推动户籍管理制度和农地改革，加强就业培训，赋予进城农民工和流动人口更多的权利和更平等的待遇，促进了农村劳动力向城市和非农产业转移；同时鼓励农民工返乡创业，促进农村经济发展。

在此期间，国家对农村建设的总体指导政策，主要包括住建部持续出台的农村危房改造政策和措施，以及 2005 年起实施的社会主义新农村建设。2003 年起，建设部持续出台农村危房改造的政策和措施。2008 年住建部启动省级试点并逐步扩大到全国范围，2012 年实现了全国农村地区危房改造全覆盖，累计支持了 1033.4 万户贫困家庭，极大地改善了农村困难群众的居住条件。相关部门还发布了与农村危房改造相关的技术标准和要求，并将危房改造与改造村容村貌相结合、与实施新农村建设的整体规划相结合，有力地推动了新农村建设。2005 年，党的十六届五中全会提出建设社会主义新农村的总体要求，即"生产发展、生活宽裕、乡风文明、村容整洁、管理民主"，旨在加快改变农村经济社会发展滞后的局面，提出着力加强农民急需的生活基础设施建设、加强村庄规划和人居环境治理、加快发展农村社会事业等重要指导意见。2006 年《中共中央、国务院关于推进社会主义新农村建设的若干意见》和相关部委的指导意见，以及后续的中央一号文件也提到了社会主义新农村建设，但侧重点在于农业生产的发展。这个阶段，国家加大了农村基础设施和社会事业投入，"三农"政策由农业扩展到农民，农村公共物品的供给由依靠农民自身向以国家为主转变，农村基本公共服务状况得到明显改善，农村义务教育经费从主要由农民负担转变为由各级财政负担。

表2　2003~2012 年农村生活条件建设相关国家政策

时间	政策、文件、会议名称	主要内容
2006 年	《农业部关于贯彻落实〈中共中央国务院关于推进社会主义新农村建设的若干意见〉的意见》（农发〔2006〕1 号）	加强以沼气等为重点的乡村基础设施建设，加强农村生态环境保护与建设，大力推动公共财政扩大覆盖农村的范围，加大农村公共事业建设投入，积极参与和推动农村教育、文化、卫生、社保等社会事业建设

续表

时间	政策、文件、会议名称	主要内容
2006 年	《中共中央、国务院关于推进社会主义新农村建设工作的意见》(中发〔2006〕1 号)	加强农村基础设施建设,改善社会主义新农村建设的物质条件。一是大力加强农田水利、耕地质量和生态建设。不断加强农田水利建设,加快发展节水灌溉,加大大型排涝泵站技术改造力度,配套建设田间工程,大力推广节水技术。二是着力加强农民最急需的生活基础设施建设。加快农村饮水安全工程建设,优先解决高氟、高砷、苦咸、污染水及血吸虫病区的饮水安全问题,鼓励发展集中式供水;加快农村能源建设,推广沼气、秸秆气化、小水电、太阳能、风力发电;加强农村公路建设,加快实现全国所有乡镇通油(水泥)路;积极推进农业信息化建设。三是加强村庄规划和人居环境治理。支持编制村庄规划和开展村庄治理试点,加强宅基地规划和管理,注重村庄安全建设,加强农村消防工作。
2010 年	《关于做好 2010 年扩大农村危房改造试点工作的通知》(建村〔2010〕63 号)	整合相关项目和资金,将抗震安居、游牧民定居、自然灾害倒损农房恢复重建、贫困残疾人危房改造、扶贫安居等与农村危房改造有机衔接,通过政府补助、银行信贷、社会捐助、农民自筹等多渠道筹措扩大农村危房改造试点资金
2012 年	《关于做好 2012 年扩大农村危房改造试点工作的通知》(建村〔2012〕87 号)	明确了 2012 年中央扩大农村危房改造试点实施范围是中西部地区全部县,提出 400 万农村贫困户危房改造任务,优先完成陆地边境县边境一线贫困农户危房改造,支持特定地区开展建筑节能示范。强调了农房设计要符合抗震要求,并由经培训合格的农村建筑工匠或有资质的施工队伍承担改造任务

(三)转型升级阶段(2013年至今)

这一时期我国进入乡村振兴、城乡互动的"大融合"的阶段。

2013 年国家开始实施精准扶贫，2020 年我国实现了现行标准下农村贫困人口全部脱贫，消除了绝对贫困，全面建成了小康社会。在国家政策大力扶持和财政倾斜支持下，我国农村生活条件建设取得了显著成就：农村交通、水利、电力与通信等基础设施水平得到大幅提升，农村危房改造工程持续推进，农村电商、农村充电基础设施等生活设施不断完善；通过实施一系列乡村美化、绿化、亮化工程，村容村貌得到显著改善；农村教育资源不断优化，农村医疗卫生条件显著改善；公共文化服务体系建设加快推进，农村文化娱乐活动丰富多彩；提升了乡村的整体形象和居民的幸福感，也为乡村全面振兴奠定了坚实基础。

这一时期，我国乡村建设的相关指导政策思路渐趋明晰、行动渐趋深入。2013 年，中央一号文件要求全国推进"美丽乡村"建设。党的十八届三中全会明确提出，加快破解城乡二元结构，形成"以工带农、以城带乡、工农互惠、城乡一体"的新型工农关系，让广大农民平等参与现代化进程，共同分享现代化成果。2017 年党的十九大提出"产业兴旺、生态宜居、乡风文明、治理有效、生活富裕"的乡村振兴战略总要求。2018 年，国家组建农业农村部，使得农业农村工作得到了更加统一和高效的领导与管理。同年，中共中央、国务院发布《乡村振兴战略规划（2018—2022 年）》提出"生态宜居的美丽乡村建设扎实推进"目标，赋予乡村兴旺、宜居、美丽、平安、民生、健康、数字等发展内涵，着力于持续改善农村人居环境、提升村容村貌，加快改善农村生产生活条件。2022 年 5 月，中共中央办公厅、国务院办公厅印发了《乡村建设行动实施方案》，提出到 2025 年乡村建设行动目标：农村人居环境持续改善，农村公共基础设施往村覆盖、往户延伸取得积极进展，农村基本公共服务水平稳步提升，农村精神文明建设显著加强。2022 年 10 月，党的二十大报告首次将"农村基本具备现代生活条件"作为 2035 年我国发展的总体

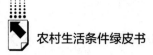

目标之一写入党的正式文件，并在中央农村工作会议上作出了"组织实施好乡村建设行动""提高乡村基础设施完备度"等详细布局，为农村基本具备现代生活条件提供了具体的行动指南和政策支持。2023 年的中央一号文件在规划建设、人居环境、基础设施、公共服务方面对和美乡村建设作出具体部署。国家乡村振兴局等多个部门联合印发《农民参与乡村建设指南（试行）》，强调要践行以人民为中心的发展思想，落实乡村建设为农民的要求。2024 年中央一号文件《中共中央、国务院关于学习运用"千村示范、万村整治"工程经验有力有效推进乡村全面振兴的意见》强调以学习运用"千万工程"经验为引领，绘就宜居宜业和美乡村新画卷。2024 年 5 月，中央网信办等四部门发布《2024 年数字乡村发展工作要点》，明确了数字乡村建设的基本目标和重点任务，为数字赋能乡村振兴提供了细化方案。

表3　2013 年至今农村生活条件建设相关国家政策

时间	政策、文件、会议名称	主要内容
2013 年	《中共中央、国务院关于加快发展现代农业　进一步增强农村发展活力的若干意见》（中发〔2013〕1 号）	首次提出了建设"美丽乡村"的奋斗目标，要求进一步加强农村生态建设、环境保护和综合整治工作，努力建设宜居、宜业、宜游的美丽乡村。提出加强农村生态建设、保护农业湿地和乡村风貌、改进农村公共服务、科学规划村庄建设等指导意见
2018 年	《中共中央、国务院关于实施乡村振兴战略的意见》	设定 2020 年、2035 年、2050 年乡村振兴目标任务，围绕乡村绿色发展、繁荣兴盛农村文化、推动农村基础设施提档升级、持续改善农村人居环境等方面提出具体措施
2018 年	《乡村振兴战略规划（2018-2022 年）》	细化阶段性实施方案，提出"生态宜居的美丽乡村建设扎实推进"目标，赋予乡村兴旺、宜居、美丽、平安、民生、健康、数字等发展内涵，着力于持续改善农村人居环境、提升村容村貌，要求加快改善农村生产生活条件

续表

时间	政策、文件、会议名称	主要内容
2022 年	《乡村建设行动实施方案》	加强乡村规划建设管理,实施农村道路畅通工程,强化农村防汛抗旱和供水保障,实施乡村清洁能源建设工程,实施农产品仓储保鲜冷链物流设施建设工程,提升农村基本公共服务水平,注重保护乡村特色风貌,建立健全建管用长效运维机制
2022 年	《高举中国特色社会主义伟大旗帜 为全面建设社会主义现代化国家而团结奋斗——在中国共产党第二十次全国代表大会上的报告》	首次将"农村基本具备现代生活条件"作为2035 年我国发展的总体目标之一写入党的正式文件,并在中央农村工作会议上再次强调了瞄准"农村基本具备现代生活条件"的目标,作出了"组织实施好乡村建设行动""提高乡村基础设施完备度"等详细布局,为农村基本具备现代生活条件提供了具体的行动指南和政策支持
2023 年	《中共中央、国务院关于做好 2023 年全面推进乡村振兴重点工作的意见》	对加强村庄规划建设、人居环境、基础设施、公共服务方面的和美乡村建设作出具体部署,推动农村全面提升,建设宜居宜业和美乡村
2023 年	《农民参与乡村建设指南(试行)》(国乡振发〔2023〕2 号)	通过完善农民参与机制,激发农民参与意愿,强化农民参与保障,广泛依靠农民、教育引导农民、组织带动农民共建共治共享美好家园。充分尊重农民意愿,围绕"建设什么样的村庄、怎样建设村庄",引导农民献计献策、共商共议,积极参与村庄规划。对于入户道路、入院管道、户厕改造、庭院绿化、农房修缮等权属边界清晰的户属设施项目,鼓励由农民自主开展建设

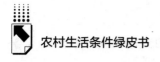

续表

时间	政策、文件、会议名称	主要内容
2023 年	《关于有力有序有效推广浙江"千万工程"经验的指导意见》（中财办发〔2023〕6 号）	要求各地学深悟透"千万工程"经验蕴含的科学方法，并结合实际创造性转化到"三农"工作实践之中：要把公共基础设施建设重点放在乡村，加快推动乡村基础设施提档升级；推动公共服务向农村延伸、社会事业向农村覆盖，健全全民覆盖、普惠共享、城乡一体的基本公共服务体系；扎实推进农村人居环境整治提升行动，以农村厕所革命、生活污水垃圾治理、黑臭水体整治、村容村貌提升为重点，全面提升农村人居环境质量；加强乡村风貌引导，推动现代宜居农房建设
2024 年	《中共中央、国务院关于学习运用"千村示范、万村整治"工程经验有力有效推进乡村全面振兴的意见》	通过推广"千万工程"的成功经验，加强农村基础设施建设，改善农村人居环境，提升乡村整体风貌，提升乡村治理水平
2024 年	《2024 年数字乡村发展工作要点》	提出 9 个方面 28 项重点任务。其中，在筑牢数字乡村发展底座方面，包括提升农村网络基础设施供给能力，加大农村基础设施改造升级力度，加快推进涉农数据资源集成共享

二　农村基础设施[①]

（一）起步探索阶段（1978~2002年）

农村基础设施包含交通、供水、能源、网络、物流等多个方面，因此，对基础设施相关的政策梳理还包括交通、供水、能源、网络、

[①]　杨理珍，农业农村部成都沼气科学研究所博士后，主要研究方向为农村与区域发展。

物流各方面的单项政策文件及规划。

1978～2002 年是农村基础设施建设的起步探索时期。从具体建设方面看，这一阶段农村的基础设施建设更偏重水利、交通、电网领域，这些基础设施主要是为农业发展提供基础保障。如 1998 年，国务院办公厅转发了国家计委《关于改造农村电网改革农电管理体制实现城乡同网同价的请示》，旨在促进城乡电价统一；2001 年，中央农村工作会议首次提出农村基础设施建设的"六小工程"，这些项目规模小、投资小，具有建设周期短、见效快，促进农民增收效益显著等特点。

表 4　1978～2002 年农村基础设施建设相关国家政策

时间	政策、文件、会议名称	主要内容
1998 年	《关于改造农村电网改革农电管理体制实现城乡同网同价的请示》	基本思路:对城乡低压配电电网实行统一管理、统一核算,对城乡用户实行统一价格,农村电网改造投资的还本付息资金计入电网成本,逐年摊入全网电价
2001 年	中央农村工作会议提出建设农村"六小工程"	农村"六小工程"主要包括节水灌溉、人畜饮水、农村沼气、农村水电、乡村道路、草场围栏。这些工程规模小、投资小,具有建设周期短、见效快,促进农民增收效益显著等特点

（二）快速发展阶段（2003～2012年）

2003～2012 年是农村基础设施快速建设的阶段，此阶段尚未有专门以农村基础设施建设为主题的会议、政策以及文件等，但针对交通、供水、能源、网络、物流的规划、文件等略有增加。从历年中央一号文件可知：农村基础设施建设的重点还是公路、饮水和电网等生活基础保障，着力点落在逐步提升这些基础设施的覆盖率、安全性和供给量上，同时也开始关注农村的信息化建设。《农村公路建设规划》《关于印发 2008 年农村公路工作若干意见的通知》为的是大力促进农村公路建设，尽力实现建制村通水泥路的目标；《关于进一步做好农村饮水安全工程建设工作的通知》通过安全饮水工程建设解决农村各种饮水不安全的问题；国家发展改革委办公厅《关于开展农村电网改造升级工程规划有关要求的通知》注重农村电网的改造升级，以满足农村增长的用电需求。2011 年，《全国农业农村信息化发展"十二五"规划》发布①，需要注意的是，在此之前的信息化方面的规划涉及农村区域的是"农业信息化建设"，在规划的标题上并未提到"农村"二字，而在"十二五"时期，虽然国家已经开始关注农村的信息化，规划的标题也转变为"农业农村信息化"，但是从主要内容上我们也可以看到，重点还是农业信息化相关项目的建设。

表5　2003~2012 年农村基础设施建设相关国家政策

时间	政策、文件、会议名称	主要内容
2005 年	《农村公路建设规划》	建设重点:继续实施县际和农村公路改造工程。建设目标:到 2010 年东部地区要实现所有具备条件的建制村通沥青(水泥)路,中部地区要基本实现所有具备条件的建制村通沥青(水泥)路,西部地区基本实现所有具备条件的乡(镇)通沥青(水泥)路、具备条件的建制村通公路(西藏自治区视建设条件确定)

---

① 在此之前，提到信息化建设，国家的重点都是农业信息化建设，如《"十一五"时期全国农业信息体系建设规划》，不属于本报告研究的农村基础设施的范围，因此未做整理。

续表

时间	政策、文件、会议名称	主要内容
2005 年	《关于进一步做好农村饮水安全工程建设工作的通知》	主要目的是加快解决农村各种饮水不安全的问题 主要原则和措施:统筹规划、合理布局;防治并重、综合治理;因地制宜、建管并重;增加投入,加强资金管理;落实责任、加强配合
2008 年	《关于印发 2008 年农村公路工作若干意见的通知》	建设目标:进一步加强农村公路建设,推进农村公路管理与养护改革,大力发展农村公路交通 建设重点:加大投入,推进农村公路稳步发展;加强组织领导,开展好农村公路建设质量年活动;以人为本,提升农村公路交通安全水平;深化改革,加强农村公路管理养护;发展客运,提高农村公路交通服务水平等
2010 年	《关于开展农村电网改造升级工程规划有关要求的通知》	主要目的:适应农村用电需求快速增长的趋势和统筹城乡发展的要求,做好新一轮农村电网改造升级工程实施工作,提升农网供电可靠性和供电能力,促进社会主义新农村建设和全面建设小康社会奋斗目标的实现 主要任务:编制农网改造升级总体规划,制定农网改造升级三年(2010～2012 年)规划。2010～2012 年农网改造升级工程的目标和建设重点为:对未改造的农村电网全部进行改造,对已改造的农村电网实施改造升级,解决农业生产用电突出问题,取消县级供电企业"代管"体制,以省为单位逐步实现城乡各类用电同网同价
2011 年	《全国农业农村信息化发展"十二五"规划》	主要任务:夯实农业农村信息化基础,加快信息技术武装现代农业步伐,助力农业产业化经营跨越式发展,推进农业政务管理迈上新台阶,开创农业信息服务新局面

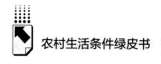

（三）转型升级阶段（2013年至今）

2013 年以后，政府更加注重农村基础设施建设，主要体现在两方面。一是对农村基础设施建设关注的方面增加了，之前两个阶段只关注交通、电网和供水，此阶段将建设范围拓展到能源、物流和网络，如 2013 年以后，相关部门频繁发布关于农村信息化或数字农村的政策文件以及发展规划；开始关注农村的光伏项目建设；关注农村冷链物流建设，提出要加强农村物流体系建设，促进农村客货邮融合发展等。二是针对农村基础设施建设的政策文件更加丰富。如在政策文件的数量上，相关的政策文件达 20 余份，尤其是针对农村信息化建设和物流体系的发展，连续多年出台相应的规划和指导意见。同时，此阶段对于农村基础设施建设的重点也发生了转变，由"拓范围"逐步演变为"补短板"。如对于农村供水，工作重点由最基础的安全饮水转变为注重饮水质量保障；关于农村公路建设由增加水泥路的覆盖面积转变为"四好农村路"建设；新增推进高质量物流建设、农产品冷链体系建设、客货邮融合发展等。

表6　2013 年至今农村基础设施建设相关国家政策

时间	政策、文件、会议名称	主要内容
2013 年	《全面解决无电人口用电问题三年行动计划（2013—2015 年)》	建设目标:2013 年底前基本完成光伏独立供电建设任务,2014 年底前基本完成电网延伸工程建设任务。到 2015 年底,全国 273 万无电人口用电问题必须得到全部解决,其中电网延伸解决 154 万人用电,光伏独立供电解决 119 万人用电,项目合计 583 个,总投资 294 亿元

续表

时间	政策、文件、会议名称	主要内容
2013 年	《全面解决无电人口用电问题三年行动计划（2013—2015 年）》	做法:2013 年,国家能源局组织国家电网公司,华能、大唐、国电、华电、中电投、三峡、中广核、中节能集团公司,以及中兴能源公司开展无电地区电力建设工程,实施电网延伸和光伏独立供电工程
2014 年	《关于实施光伏扶贫工程工作方案》	启动光伏扶贫试点工作,要通过支持片区县和国家扶贫开发工作重点县内已建档立卡贫困户安装分布式光伏发电系统,增加贫困人口基本生活收入;要因地制宜,利用贫困地区荒山荒坡、农业大棚或设施农业等建设光伏电站,直接增加贫困人口收入
2015 年	《水利部关于进一步加强农村饮水安全工程运行管护工作的指导意见》	主要目的:进一步加强农村饮水安全工程的运行管护,确保工程建得成、管得好、长受益主要意见:加强组织领导,确保责任落实到位;明晰工程产权,落实管护主体和经费,建立健全农村饮水安全工程基层管理服务体系,强化水源保护和水质保障,开展关键岗位技术培训等
2016 年	《关于"十三五"期间实施新一轮农村电网改造升级工程的意见》	重点任务是:加快新型小城镇、中心村电网和农业生产供电设施改造升级,稳步推进农村电网投资多元化,开展西藏、新疆以及四川、云南、甘肃、青海四省涉藏工作地区农村电网建设攻坚,加快西部及贫困地区农村电网改造升级,推进东中部地区城乡供电服务均等化进程
2016 年	《"十三五"全国农业农村信息化发展规划》	在深入分析研判农业信息化发展面临的机遇和挑战的基础上,提出要加强信息技术与农业生产的融合应用,促进农业农村电子商务加快发展,推动农业政务信息化提档升级,推进农业农村信息服务便捷普及,夯实农业农村信息化发展支撑基础

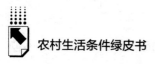

续表

时间	政策、文件、会议名称	主要内容
2018 年	《农村公路建设管理办法》	主要是为全面推进"四好农村路"建设做好制度保障
2019 年	《数字乡村发展战略纲要》	战略目标:2020 年数字乡村建设取得初步进展,2025 年取得重要进展,2035 年取得长足进展 重点任务:加快乡村信息基础设施建设(大幅提升乡村网络设施水平,完善信息终端和服务供给,加快乡村基础设施数字化转型),发展农村数字经济,强化农业农村科技创新供给,建设智慧绿色乡村,繁荣发展乡村网络文化,推进乡村治理能力现代化等
2020 年	《农业农村部关于加快农产品仓储保鲜冷链设施建设的实施意见》	支持新型农业经营主体建设仓储保鲜冷链设施,从源头加快解决农产品出村进城"最初一公里"问题 建设重点:新型农业经营主体根据实际需求选择建设设施类型和规模,在产业重点镇和中心村鼓励引导设施建设向田头市场聚集,可按照"田头市场+新型农业经营主体+农户"的模式,开展仓储保鲜冷链设施建设。主要是建设节能型通风贮藏库、节能型机械冷库、节能型气调贮藏库等
2021 年	《全国农业农村信息化示范基地认定办法(修订)》	为贯彻新发展理念、构建新发展格局、推动农业高质量发展,鼓励、引导现代信息技术在农业农村生产、经营、管理和服务等各环节各领域的应用创新,推动信息技术与农业农村深度融合,以信息化引领驱动乡村振兴和农业农村现代化

时间	政策、文件、会议名称	主要内容
2021 年	《农村公路中长期发展纲要》	发展目标:到 2035 年,形成"规模结构合理、设施品质优良、治理规范有效、运输服务优质"的农村公路交通运输体系,"四好农村路"高质量发展格局基本形成 主要任务:构建便捷高效的农村公路骨干路网,构建普惠公平的农村公路基础网络,营造安全宜人的农村公路交通环境,健全运转高效的农村公路治理体系,完善适用多元的农村公路养护运行机制,发展便民多元的农村客运服务体系,发展畅通集约的农村物流服务体系
2021 年	《关于做好农村供水保障工作的指导意见》	主要任务:稳步推进农村供水工程建设,实施稳定水源工程,扎实推进农村供水工程建设(更新和改造老旧供水管网和设施等),强化水质保障(在做好"千吨万人"供水工程水源保护的基础上,推进千人供水工程水源保护,"千吨万人"供水工程全面配备净化消毒设施设备,以地表水或水质不稳定的地下水为水源的千人供水工程,配备净化设施设备;千人供水工程配备消毒设备。加强水质检测监测,不断提升水质保障水平)
2022 年	《数字乡村发展行动计划(2022—2025 年)》	重点任务:数字基础设施升级行动(推进乡村信息基础设施优化升级,推动乡村传统基础设施数字化改造升级);智慧农业创新发展行动;新业态新模式发展行动(深化农产品电商发展,促进农村消费升级,加快培育农村新业态);数字治理能力提升行动;乡村网络文化振兴行动;智慧绿色乡村打造行动等
2022 年	《"十四五"全国农业农村信息化发展规划》	主要任务:发展智慧农业,提升农业生产保障能力;推动全产业链数字化,提升农产品供给质量和效率;夯实大数据基础,提升农业农村管理决策效能;建设数字乡村,缩小城乡数字鸿沟;强化科技创新,提升农业农村信息化支撑能力

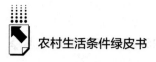

续表

时间	政策、文件、会议名称	主要内容
2022 年	《关于扩大当前农业农村基础设施建设投资的工作方案》	到 2022 年底前,聚焦农业农村基础设施短板弱项,突出抓好大中型灌区等水利设施、小型农田水利设施,以及现代设施农业和农产品仓储保鲜冷链物流设施等项目建设,确保尽快开工、尽快见效
2023 年	《国家发展改革委 国家能源局 国家乡村振兴局关于实施农村电网巩固提升工程的指导意见》	主要目标:到 2025 年,农村电网网架结构更加坚强,装备水平不断提升,数字化、智能化发展初见成效;到 2035 年,基本建成安全可靠、智能开放的现代化农村电网,农村地区电力供应保障能力全面提升,城乡电力服务基本实现均等化。主要任务:巩固提升脱贫地区、革命老区电力保障水平,加强农村电网薄弱地区电网建设改造,因地制宜完善农村电网网架结构,提升农村电网装备水平,增强农村电网防御自然灾害能力,提升分布式可再生能源消纳能力,推进配套供电设施建设,助力农村电气化水平提升等
2023 年	《水利部办公厅关于全面开展农村饮水问题排查整改 巩固提升农村供水保障水平的通知》	主要任务:开展全覆盖排查,强化问题整改,建立动态监测和风险防控机制,做好抗洪旱灾害保饮水工作,强化农村供水水质保障(深入实施水质提升专项行动,进一步规范水质自检,加强水质巡检);加快补齐农村供水工程短板(优化农村供水工程布局,加快推进城乡供水一体化,加强"千吨万人"以下供水工程规范化改造);加强农村供水工程运行管理等
2023 年	《中央财办等部门关于推动农村流通高质量发展的指导意见》	重点任务:加强农产品仓储保鲜冷链设施建设,加快补齐县乡村物流设施短板,合理优化商贸流通设施布局,推动城乡流通深度融合,强化农村流通数字赋能,培育农村流通龙头企业,完善农村流通标准体系,加强农村流通领域市场监管

时间	政策、文件、会议名称	主要内容
2023 年	《关于加快推动农村供水高质量发展的指导意见》	主要目标:到 2035 年,农村供水工程体系、良性运行的管护机制进一步完善,基本实现农村供水现代化 重点任务:一是科学编制省级农村供水高质量发展规划,科学规划建设水源、水厂、管网工程,合理确定目标任务和年度实施计划;二是大力完善农村供水工程体系,优先推进城乡供水一体化;三是深入实施农村供水水质提升专项行动;四是健全优化农村供水工程长效运行管理体制机制;五是强化应急供水保障,建立健全平急两用的应急供水保障体系,做好应对洪旱灾害、突发水污染事件应急保供水工作,确保农村群众饮水安全
2023 年	《农村寄递物流体系建设三年行动方案(2023—2025年)》	主要任务:加快健全县乡村寄递服务网络,不断深化创新驱动科技赋能,切实发挥市场主体作用 主要目标:到 2025 年,开放惠民、集约共享、安全高效、双向畅通的农村寄递物流体系基本形成,网络规模、创新能力、服务水平、治理效能等方面实现新跃升,实现县县有中心、乡乡有网点、村村有服务,基本实现建制村直接收投邮件快件,使农产品运得出、消费品进得去,更好满足乡村产业振兴和农村居民生产生活需求
2023 年	《关于加快推进农村客货邮融合发展的指导意见》	主要目标:深入推进农村客运、货运物流、邮政快递(以下简称农村客货邮)融合发展,更好满足农村群众出行、货运物流、寄递服务需求 主要任务:推广农村客运车辆代运邮件快件,发展货运班车,拓展"农村客货邮+",拓展县级客运站客货邮功能,拓展乡镇站点综合服务功能,完善村级站点网络等

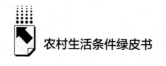

三 农村公共服务[①]

（一）起步探索阶段（1978～2002年）

党的十一届三中全会确立"放权让利"的经济体制改革基本思路；1983年中央政府开始实施"划分收支、分级包干"的财政管理体制；1983～1984年国家推行了政社分开、建立乡政府的政治体制改革；1985年国家出台《乡（镇）财政管理试行办法》，提出要建立独立的乡镇财政体制，奠定了农村公共服务分级供给的制度基础，农村公共服务供给责任基本落在了乡镇、区县层面。然而由于区县、乡镇财力有限，地方政府基本将农村义务教育、公共医疗和农村养老的费用转移给农民[②]，这一阶段农村公共服务供给基本处于政府低水平供给甚至缺位状态。

在我国农村公共服务体系起步探索阶段，农户合作和农业协会等非政府组织开始参与供给农村公共产品和服务。筹资机制呈现双重性，农村公共服务资金既包括地方政府的正规渠道筹资，也包括农民家庭直接支付的非正规渠道筹资。决策机制呈现自上而下的特点，受农村基层乡镇政府和村委会权威影响，加之农民权利意识不足，政策实行缺乏自下而上的参与和反馈。

---

① 朱宁，中国农业科学院农业经济与发展研究所副研究员，主要研究方向为农业经济管理。

② 佘宇、单大圣：《农村教育体制改革70年发展及前瞻》，《行政管理改革》2019年第6期，第4～12页。

表 7 1978~2012 年农村公共服务建设相关国家政策

时间	政策、文件、会议名称	主要内容
1978 年	《农村人民公社工作条例（试行草案）》	满足一定条件的农民可以享受养老金待遇，然而基金由生产大队和各生产队按比例分摊
1982 年	《全国农村工作会议纪要》	教育是发展科学技术的基础。有关部门要调整和加强农业院校的领导班子，进一步改善办学条件。县级以及县以下农村的中学要设置农业课程，有的可以改为农业专科学校。继续抓好各级农业领导干部和管理干部以及职工的专业培训，组织师资进修，训练各类专业技术干部。高等农业院校和中等农业学校都要拿出必要的力量承担培训任务。要积极创造条件，加强农民教育，抓紧扫盲工作，提高科学文化水平
1983 年	《当前农村经济政策的若干问题》	必须抓紧改革农村教育。要积极普及初等义务教育，扫除青壮年文盲，有步骤地增加农业中学和其他职业中学的比重。面向农村的高等院校和中等专业学校，要有一套新的招生和毕业生分配办法，打开人才通向农村的路子。要对农民进行各种形式的职业技术教育和培训。农村教育必须适应而不可脱离广大农民发展生产、劳动致富、渴望人才的要求，必须考虑而不可忽视乡村居民劳动、生活的特点。对于全国不同地区，应有不同要求和部署，以适应当地群众的财力物力状况和学生的接受水平。有关部门应及早制定改革方案，逐步实施 要加强农村各种文化、卫生设施的建设。这些文化卫生设施，国家办，集体办，更要鼓励和扶持农民自己办

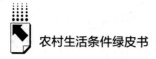

续表

时间	政策、文件、会议名称	主要内容
1983 年	《关于加强和改革农村学校教育若干问题的通知》	强调了农村教育改革的紧迫性,提出了普及初等义务教育、扫除文盲、增加农业中学和职业中学比重的目标,并鼓励技术人员和知识分子到农村服务,以提高农村教育水平,适应农村发展需求
1983 年	《卫生部关于组织城市医疗卫生机构支援农村卫生事业建设若干问题的意见》	搞好城市支援农村的工作,首先是城市医疗卫生机构,特别是市、地以上的医疗卫生机构的领导和广大医务人员要树立为农民、为农业发展服务的思想,把大力支援农村卫生事业的建设,作为一项义不容辞的任务,长期坚持下去
1984 年	《关于 1984 年农村工作的通知》	党中央、国务院各有关部门部署的农村教育、计划生育、民兵训练、优抚、交通等各项民办公助事业,都要逐项进行认真清理和改革 农村工业适当集中于集镇,可以节省能源、交通、仓库、给水、排污等方面的投资,并带动文化教育和其他服务事业的发展,使集镇逐步建设成为农村区域性的经济文化中心 不但要关心农业,而且必须关心国民经济各部门以及文化、教育、科技、卫生、体育等事业的发展
1984 年	《国务院关于筹措农村学校办学经费的通知》	发展教育事业,是关系到我国经济振兴的大事,各级人民政府应当予以高度重视。在八十年代,我国农村要在绝大部分地区基本普及小学教育,在经济条件较好的地区有计划地普及初中教育,同时要大力举办学前教育,积极发展农业技术教育,改革中等教育结构,培养有一定职业技术的人才,以适应经济发展的需要

续表

时间	政策、文件、会议名称	主要内容
1985 年	《关于进一步活跃农村经济的十项政策》	鼓励各有关部门组织志愿服务队，赴农村和边疆少数民族地区，提供科技、教育、医务等方面的服务，有突出贡献的还应给予重奖鼓励集体或个人办好中小学校，特别是中等职业技术学校和专科学校。逐步改善中小学教师待遇。各大专院校要继续为农村举办各种专业班，定向培养科技人才。要按教育部规定的标准收费，不得任意加码
1986 年	《关于 1986 年农村工作的部署》	重视建立和健全各级农业科研、教育、信息、技术推广和经营管理等服务组织
1990 年	《全国农村教育综合改革实验区工作指导纲要（试行)》	为了推进农村教育改革，为实施燎原计划提供示范，国家教委于 1989 年 5 月决定建立全国农村教育综合改革实验区。各地根据《纲要》的精神，结合当地实际，进一步修订规划，落实措施，使农村教育综合改革实验不断深化，健康发展，为全国的农村教育改革、实施燎原计划作出示范
1991 年	《中共中央关于进一步加强农业和农村工作的决定》	在有条件的地方，逐步开展农村养老保险
1991 年	《卫生部关于进一步加强城市医院支援农村卫生事业建设的意见》	强调了城市医院支援农村卫生事业的重要性，并提出了加强和制度化这一工作的若干要求，包括继续执行 1983 年的相关意见，提高城市医院支农的自觉性，统筹规划城市医院支农工作，重点放在人才培训、技术建设和管理水平提升上，签订支援协议，选派有经验的技术人员，保障下派人员待遇，鼓励退休医务人员参与支农，以及将部委及企业医疗卫生机构的支农工作纳入区域卫生规划，以促进农村卫生事业的发展

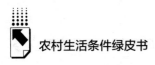

续表

时间	政策、文件、会议名称	主要内容
1992 年	《县级农村社会养老保险基本方案(试行)》	农村社会养老保险是国家保障全体农民老年基本生活的制度,是政府的一项重要社会政策。建立农村社会养老保险制度,要从我国农村的实际出发,以保障老年人基本生活为目的;坚持资金个人交纳为主、集体补助为辅,国家予以政策扶持;坚持自助为主、互济为辅;坚持社会养老保险与家庭养老相结合;坚持农村务农、务工、经商等各类人员社会养老保险制度一体化的方向。由点到面,逐步发展
1992 年	《卫生部、财政部关于加强农村卫生工作若干意见的通知》	农村卫生工作是保障九亿农民身体健康、保护农业劳动力、振兴农村经济的大事,是实现 2000 年人人享有卫生保健战略目标的关键。加强农村卫生工作是各级政府的责任,也是全社会的义务。各地要进一步统一思想,提高认识,把加强农村卫生工作作为为农民办好事、办实事,实现 2000 年达到小康生活水平的中心工作之一。卫生、财政等有关部门在各级政府的领导下要密切配合,认真研究制定和落实农村卫生工作的有关政策,广泛动员社会各方面的力量,多渠道筹集卫生资源,加强管理,切实把农村卫生的事情办好
1993 年	《国务院办公厅关于纠正一些地方取消农村教育费附加的通知》	农村教育费附加是国家法定征收的、主要用于农村实施义务教育的费用,各地都要依法足额征收。在乡财政特别困难的地方,可实行乡征县管,但要保证专款专用,不得平调
1993 年	《关于加强领导进一步搞好初级卫生保健工作的通知》	各级卫生行政部门和卫生机构要按照中共中央、国务院关于减轻农民负担的精神,认真贯彻《农民承担费用和劳务管理条例》规定,整顿农村医疗秩序和医药市场,杜绝乱收费、乱涨价之风,防止增加农民不合理负担

续表

时间	政策、文件、会议名称	主要内容
1994 年	《民政部关于贯彻中央农村工作会议精神加强农村民政工作的意见》	随着市场经济的发展,传统的家庭养老方式可能会受到严重冲击,我们必须对农村养老制度实行改革。根据我国农村经济的发展状况,农村养老保障在今后一个时期仍应以家庭养老为主,辅之以社区扶持;认真贯彻《农村五保供养工作条例》,努力做好五保户的供养工作;在有条件的地区逐步开展社会养老保险。农村社会养老保险是一个新事物,要坚持积极引导、分类指导、抓住重点、不断完善、坚持自愿、稳步发展的方针,积极、慎重、稳妥地进行。考虑到各地经济发展的不平衡,不搞一刀切。经济比较发达地区,应在原有基础上积极推行;经济发展中等水平地区,应先在条件较好的地方启动,稳步推进。在推行过程中,要不断总结经验,建立机构,建立、健全规章制度,加强资金的管理,建立运营机制,确保资金增值
1995 年	《国家教委关于深入推进农村教育综合改革的意见》	进一步提高对农村教育综合改革的认识,明确指导思想和方针任务。继续调整农村教育结构,坚持"三教统筹",在切实保证"两基"重中之重地位的同时,大力发展职业教育和成人教育。必须加大农科教结合的力度,促进农村经济的发展。采取有力措施,坚持不懈地把农村教育综合改革推向深入
1995 年	《关于进一步做好农村社会养老保险工作的意见》	农村社会养老保险是建立和完善农村社会保障体系的一项重要工作,对于深化农村经济体制改革,发展社会主义市场经济,促进计划生育,保持社会稳定具有重要意义。进一步发展农村社会养老保险是民政部门的一项重要任务。要进一步总结工作经验,确定今后一个时期的发展目标,研究加快推进的措施。各地要抓住有利时机,抓紧安排工作,争取优异成绩,创造好的经验,将农村社会养老保险工作向前推进一步

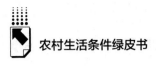

续表

时间	政策、文件、会议名称	主要内容
1996 年	《中华人民共和国国民经济和社会发展"九五"计划和2010 年远景目标纲要》	农村养老以家庭保障为主,坚持政府引导和农民自愿,发展多种形式的养老保险。大力发展企业补充养老保险和个人储蓄养老保险。管好用好养老保险基金
1997 年	《农村教育集资管理办法》	贯彻落实党中央、国务院关于切实减轻农民负担的精神,进一步规范农村教育集资,促进农村教育事业的健康发展
1998 年	《卫生部关于城市卫生技术人员到县或乡卫生机构定期工作的意见(试行)》	建立城市卫生技术人员到农村定期工作的制度,是贯彻落实党的十五大及决定精神,全面落实"以农村为重点,预防为主,中西医并重,依靠科技与教育,动员全社会参与,为人民健康服务,为社会主义现代化建设服务"的卫生工作方针的重要举措。建立城市卫生技术人员到农村定期工作制度,缓解现阶段我国农村缺乏高素质卫生专业人才,尽快提高农村医疗卫生水平,体现了党和政府对农民群众的关怀。建立城市卫生技术人员到农村定期工作的制度,有利于合理利用我国的卫生人力资源,也有利于加强社会主义精神文明建设、提高卫生队伍的政治业务素质
1999 年	《劳动和社会保障部关于编制 1999 年劳动和社会保障事业发展计划的通知》	农村养老保险方面,要通过调研和摸底,提出完善农村(含乡镇企业)养老保险管理体制和相关政策的建议,推进规范化管理工作
2001 年	《中国老龄事业发展"十五"计划纲要》	加快老龄事业发展步伐,重点解决老龄事业发展中的突出问题,落实"老有所养、老有所医、老有所教、老有所学、老有所为、老有所乐",把老龄事业推向全面发展的新阶段。初步建立适应社会主义市场经济要求、体现城乡不同特点的城市和农村养老保障体系

续表

时间	政策、文件、会议名称	主要内容
2001 年	《国民经济和社会发展第十个五年计划人口、就业和社会保障重点专项规划》	进一步健全农村初级卫生保健体系,以农村卫生体制改革为动力,积极探索和完善农村合作医疗等医疗保障办法,因地制宜地确定农村医疗保障方式,逐步提高医疗保障水平。为实现人人享有初级卫生保健的目标,以农村贫困地区为重点,加强农村卫生基础设施建设,重点扶持西部地区办医条件严重落后的国家扶贫开发工作重点县的县医院和中心乡卫生院建设。坚持以家庭养老为基础,在比较发达的地区和乡镇企业,以农民自愿为原则,鼓励参加商业保险,探索多种形式的补充社会保险。要妥善解决城镇化进程中社会保障政策的适用与衔接问题。进入城镇就业的农民工,要按照有关规定参加相应的社会保险。发展农村敬老院,进一步完善"五保"供养制度。继续贯彻扶贫攻坚战略,加大开发式扶贫、科技扶贫力度,保障最低收入农民的基本生活
2002 年	《劳动和社会保障部关于印发 2002 年劳动和社会保障工作要点的通知》	继续做好整顿规范农村养老保险和企业补充养老保险工作。农村养老保险继续管好基金,理顺体制,稳定队伍,加强调研,做好整顿规范工作。制定企业年金有关管理办法,选择不同行业和地区开展规范管理试点,推进整顿规范工作
2002 年	《关于城市卫生支援农村卫生工作的意见》	为加强城市卫生支援农村卫生工作,提高农村卫生技术人员综合素质,促进农村卫生事业发展。各级卫生行政部门和地(市)级以上政府举办的医疗卫生机构要将这项工作列入议事日程,建立对口支援和巡回医疗制度,使这项工作经常化、制度化。城市卫生支援农村卫生工作要注重实效,不搞形式主义,不以营利为目的,不增加受援地区的经济负担,把党和政府对农民的关怀真正落到实处。城市卫生支援农村卫生工作的重点是东部支援西

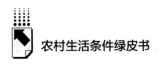

续表

时间	政策、文件、会议名称	主要内容
2002 年	《关于城市卫生支援农村卫生工作的意见》	部、经济较发达地区支援经济欠发达地区。省级卫生行政部门负责本辖区城市医疗卫生机构支援农村卫生工作的统筹规划、协调组织和日常监督管理工作。地(市)级卫生行政部门负责对所辖区域内的城市医疗卫生机构支援农村卫生工作进行部署,协调城市医疗卫生机构与农村医疗卫生机构建立稳定的对口支援关系,实施所辖区域内的城市医疗卫生机构支援农村卫生的工作。对口支援的方式要从实际出发,务求实效
2002 年	《关于农村卫生机构改革与管理的意见》	为适应社会主义市场经济体制下农村居民的卫生服务需求,中共中央、国务院提出了加强和改革农村卫生服务体系的若干意见,包括构建社会化的农村卫生服务网络,强化公立卫生机构的主导作用,支持民办医疗机构发展,明确县级卫生机构的职能,规范乡(镇)卫生院的功能和规模,改革乡(镇)卫生院的管理体制,转变服务模式,深化人事分配制度改革,加强村卫生机构建设,强化网络整体功能,加强监督管理,以及加强组织领导,旨在提升农村卫生服务的质量和效率,确保农村居民获得安全、有效、经济、方便的医疗卫生服务
2002 年	《第九届全国人民代表大会第五次会议关于政府工作报告的决议》	发展卫生事业,高度重视公共卫生和农村医疗卫生工作,增加资金投入,积极探索多种形式的农村医疗保障办法,改善农村卫生院医疗条件

(二)快速发展阶段(2003~2012年)

伴随着我国进一步改革开放和综合国力增强,我国开始调整城乡发展战略，实施"以工补农""以城带乡"的城乡统筹发展战略。在分税制改革和农村税费改革的基础上，国家逐步加大了对农村公共服务供给的投入，农村教育、医疗卫生和养老服务供给逐步从村、乡、县提升到省级统筹，扭转了农村地区公共服务缺位的局面，大幅提高了农村基本公共服务的供给能力。农村义务教育最先得到国家重视：2001 年开始，国家积极调整农村义务教育学校布局和改善办学条件；2005 年，国家将农村义务教育全面纳入国家财政保障范围；2007 年，全国农村地区义务教育全部免除学杂费。在农村医疗和养老方面，2002 年开始建立新型农村合作医疗制度，2010 年新型农村合作医疗基本实现农村居民全覆盖[1]。提高农村养老服务水平，2000 年，中共中央、国务院发布《关于加强老龄工作的决定》，提出"建立以家庭养老为基础、社区养老服务为依托、社会养老为补充的养老机制"。2009 年 9 月，国务院印发《关于开展新型农村社会养老保险试点的指导意见》，正式启动全国新型农村养老保险试点。然而，这一阶段农村公共服务供给的重点是遏制城乡间差距的进一步加大，尚未触及更深层次的体制机制矛盾。

在我国农村公共服务体系快速发展阶段，政策从基础性服务逐步拓展至综合性服务，包括优先发展教育、强化医疗保障、推进文化服务及完善气象灾害防御体系等，体现了服务内容的多样化与功能整合。农村综合改革成为推动机制完善的重要抓手，并强调信息技术等手段的应用，旨在促进资源高效配置，减轻农民负担，提升农村公共服务质量。

---

[1]　牛文涛、姜润鸽：《新中国 70 年的农村养老保障：历史演进与现实困境》，《农业经济问题》2020 年第 2 期，第 54~64 页。

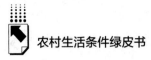

表 8   2003~2012 年农村公共服务建设相关国家政策

时间	政策、文件、会议名称	主要内容
2003 年	《国务院关于进一步加强农村教育工作的决定》	明确农村教育在全面建设小康社会中的重要地位,把农村教育作为教育工作的重中之重,切实加强领导,动员全社会力量关心和支持农村教育事业
2003 年	《中国 21 世纪初可持续发展行动纲要》	充分发挥政府、企业、社会组织和公众四方面的积极性,政府要加大投入,强化监管,发挥主导作用,提供良好的政策环境和公共服务,充分运用市场机制,调动企业、社会组织和公众参与可持续发展
2004 年	《中共中央、国务院关于促进农民增加收入若干政策的意见》	各地区和有关部门要切实把发展农村社会事业作为工作重点,落实好新增教育、卫生、文化等事业经费主要用于农村的政策规定,每年要对执行情况进行专项检查
2005 年	《中共中央、国务院关于进一步加强农村工作提高农业综合生产能力若干政策的意见》	全面开展农民职业技能培训工作。要结合农业结构调整、发展特色农业和生产实际的需要,开展针对性强、务实有效、通俗易懂的农业科技培训 进一步发展农村教育、卫生、文化等社会事业。要落实新增教育、卫生、文化、计划生育等事业经费主要用于农村的规定,用于县以下的比例不低于 70%
2006 年	《中共中央、国务院关于推进社会主义新农村建设的若干意见》	加快发展农村义务教育。着力普及和巩固农村九年制义务教育 大规模开展农村劳动力技能培训 积极发展农村卫生事业。积极推进新型农村合作医疗制度试点工作,从 2006 年起,中央和地方财政较大幅度提高补助标准,到 2008 年在全国农村基本普及新型农村合作医疗制度 繁荣农村文化事业。各级财政要增加对农村文化发展的投入 逐步建立农村社会保障制度。按照城乡统筹发展的要求,逐步加大公共财政对农村社会保障制度建设的投入

续表

时间	政策、文件、会议名称	主要内容
2006 年	《国务院关于做好农村综合改革工作有关问题的通知》	通过农村综合改革,转变基层政府职能,加强农村社会管理,搞好农村公共服务,健全乡村治理结构,建立农村工作新机制,为新农村建设提供动力源泉
2006 年	《司法部关于司法行政工作为建设社会主义新农村服务的意见》	要把法制宣传教育纳入政府对农村公共服务的重要内容,搞好普法资料、法制信息、法制文艺等进乡村活动,切实提高农民的法律意识和法制观念
2006 年	《国家发展改革委关于加快推进县级政府支农投资整合工作的通知》	各试点县(市)要按照"生产发展、生活宽裕、乡风文明、村容整洁、管理民主"的要求,围绕发展农村生产力、改善农村生产生活条件、提高农村公共服务水平等广大农民最关心、要求最迫切、最容易见效的问题,抓紧制定综合性的新农村建设规划
2007 年	《中共中央、国务院关于积极发展现代农业扎实推进社会主义新农村建设的若干意见》	深化农村综合改革。有条件的地方要在全省范围内开展乡镇机构改革试点,暂不具备条件的省份要进一步扩大市、县试点范围,从乡村实际出发转变乡镇政府职能,完善农村基层行政管理体制和工作机制,提高农村公共服务水平
2007 年	《国务院关于在全国建立农村最低生活保障制度的通知》	农村最低生活保障工作涉及面广、政策性强、工作量大,地方各级人民政府在推进农村综合改革,加强农村公共服务能力建设的过程中,要统筹考虑建立农村最低生活保障制度的需要,科学整合县乡管理机构及人力资源,合理安排工作人员和工作经费,切实加强工作力量,提供必要的工作条件,逐步实现低保信息化管理,努力提高管理和服务质量,确保农村最低生活保障制度顺利实施和不断完善
2007 年	《全国农业和农村信息化建设总体框架(2007—2015)》	以信息化提升农村公共服务与社会管理水平。这是实现农村公共服务与社会管理决策科学化、管理现代化、服务人性化的重要途径,是缩小城乡"数字鸿沟"的紧迫任务

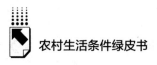

续表

时间	政策、文件、会议名称	主要内容
2007 年	《关于深入开展文化科技卫生"三下乡"活动的通知》	在新形势下,大力开展"三下乡"活动,对于推动以工促农、以城带乡,形成城乡经济社会发展一体化格局,提高广大农民思想道德素质、科学文化素质和健康素质,增加农民收入、加快农村经济发展,发展农村社会事业、提高农村公共服务能力、促进农村社会进步,丰富和活跃农民文化生活、满足农民群众日益增长的精神文化需求、促进人的全面发展,具有十分重要的意义
2008 年	《中共中央、国务院关于切实加强农业基础建设进一步促进农业发展农民增收的若干意见》	推进城乡基本公共服务均等化是构建社会主义和谐社会的必然要求。必须加快发展农村公共事业,提高农村公共产品供给水平提高农村义务教育水平,增强农村基本医疗服务能力,繁荣农村公共文化,建立健全农村社会保障体系,不断提高扶贫开发水平,大力发展农村公共交通,继续改善农村人居环境
2008 年	《财政部关于发挥乡镇财政职能作用加强财政预算管理的意见》	完善乡镇财政管理体制,做好农村公共服务。要适应统筹城乡发展的要求,增加农村基础设施,支持农业和农村社会事业发展,努力满足农村社会基本公共产品和服务需求
2009 年	《中共中央、国务院关于2009 年促进农业稳定发展农民持续增收的若干意见》	加快农村社会事业发展。建立稳定的农村文化投入保障机制,尽快形成完备的农村公共文化服务体系。巩固农村义务教育普及成果,提高农村学校公用经费和家庭经济困难寄宿生补助标准,改善农村教师待遇,推进农村中小学校舍安全排查、加固和改造。加快发展农村中等职业教育。巩固发展新型农村合作医疗。抓紧制定指导性意见,建立个人缴费、集体补助、政府补贴的新型农村社会养老保险制度。加大中央和省级财政对农村最低生活保障补助力度,提高农村低保标准和补助水平。加快研究解决农垦职工社会保障问题

续表

时间	政策、文件、会议名称	主要内容
2010 年	《中共中央、国务院关于加大统筹城乡发展力度进一步夯实农业农村发展基础的若干意见》	努力促进农民就业创业。建立覆盖城乡的公共就业服务体系，积极开展农业生产技术和农民务工技能培训，整合培训资源，规范培训工作，增强农民科学种田和就业创业能力。提高农村教育卫生文化事业发展水平。提高农村社会保障水平。逐步提高新型农村合作医疗筹资水平、政府补助标准和保障水平。加强农村水电路气房建设。搞好新农村建设规划引导，合理布局，完善功能，加快改变农村面貌。继续抓好扶贫开发工作
2010 年	《国务院关于当前发展学前教育的若干意见》	努力扩大农村学前教育资源。各地要把发展学前教育作为社会主义新农村建设的重要内容，将幼儿园作为新农村公共服务设施统一规划，优先建设，加快发展
2010 年	《关于推动农家书屋和村邮站建设的通知》	农家书屋工程建设和村邮站建设是农村公共服务体系建设的重要组成部分。各级新闻出版行政部门和邮政管理部门要积极探索农家书屋与村邮站相结合的新形式，要把农家书屋、村邮站建设与社会主义新农村建设相结合，与其他农村公共服务建设相协调，为广大农民群众提供更加便捷的新闻出版公共服务和邮政服务
2010 年	《中国气象局关于加强农村气象灾害防御体系建设的指导意见》	各级气象部门要向当地党委、政府充分汇报建设农村气象灾害防御体系的重要性和紧迫性，把农村气象灾害防御体系建设纳入农村公共服务体系中，纳入地方政府对农村公共服务建设、运行和维护的财务投入渠道中，保障体系建设所需的人员编制
2010 年	《中国气象局关于加强农业气象服务体系建设的指导意见》	各级气象部门要充分认识建立健全农业气象服务体系的重要性，推动农业气象服务体系纳入农村公共服务体系建设

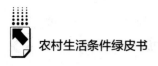

时间	政策、文件、会议名称	主要内容
2011 年	《中共中央、国务院关于积极发展现代农业扎实推进社会主义新农村建设的若干意见》	加强农民转移就业培训和权益保护。继续改善农村办学条件,促进城乡义务教育均衡发展。加快发展农村职业技术教育和农村成人教育,扩大职业教育面向农村的招生规模。提高农村公共服务人员能力。建立农村基层干部、农村教师、乡村医生、计划生育工作者、基层农技推广人员及其他与农民生产生活相关服务人员的培训制度,加强在岗培训,提高服务能力
2011 年	《国民经济和社会发展第十二个五年规划纲要》	扩大公共财政覆盖农村范围,全面提高财政保障农村公共服务水平。提高农村义务教育质量和均衡发展水平,推进农村中等职业教育免费进程,积极发展农村学前教育。建立健全农村医疗卫生服务网络,向农民提供安全价廉可及的基本医疗服务。完善农村社会保障体系,逐步提高保障标准。加强农村公共文化和体育设施建设,丰富农民精神文化生活
2011 年	《全国农业和农村经济发展第十二个五年规划》	大力发展农业农村公共服务。加强农业公益性服务体系建设。加强农村基础设施建设。推动农村社会事业发展
2012 年	《中共中央、国务院关于加快推进农业科技创新持续增强农产品供给保障能力的若干意见》	促进城乡文化一体化发展,增加农村文化服务总量,缩小城乡文化发展差距。加快推进社会主义新农村建设,切实保障和改善农村民生,大力发展农村公共事业。以提高科技素质、职业技能、经营能力为核心,大规模开展农村实用人才培训
2012 年	《国务院办公厅关于进一步做好减轻农民负担工作的意见》	做好减轻农民负担工作,要全面贯彻落实科学发展观,以维护农民合法权益为中心,以规范涉农收费为重点,以强化监督检查为手段,将农民负担监管工作融入统筹城乡发展、加强农村社会管理、落实强农惠农富农政策中,将农民负担监管领域向农村基础设施建

续表

时间	政策、文件、会议名称	主要内容
2012 年	《国务院办公厅关于进一步做好减轻农民负担工作的意见》	设、农村公共服务、农业社会化服务等方面延伸,创新监管思路、拓展监管范围、强化工作措施、加强制度建设,严格禁止各种不合理收费和集资摊派,坚决纠正违反政策规定加重农民负担的行为,确保农民负担继续控制在较低水平,促进农村社会和谐稳定
2012 年	《全国土地整治规划(2011—2015 年)》	坚持群众自愿、因地制宜、量力而行、依法推动的原则,积极稳妥推进村庄土地整治,优化居民点布局,完善农村基础设施,改善农村生产生活条件,提升农村公共服务水平,促进城乡一体化发展
2012 年	《2012 年农村经营管理工作要点》	推进综合改革试点。围绕构建新型农业社会化服务体系的总目标,以公共财政为支撑,以公共监管服务、生产经营服务、农村金融服务为重点,针对体系建设中的薄弱环节,着重推动在公共服务体系建设、农科教结合、以产业化推进标准化、壮大社区集体经济组织等方面开展改革试点,探索发展模式,破解难点问题

（三）转型升级阶段（2013年至今）

党的十八大以来，中央持续加大对农村的资源要素投入，全面提高农村公共服务的供给能力，并以城乡基本公共服务均等化为导向，深化农村公共服务供给制度改革，逐步实现了城乡一体化的公共服务供给制度。在这一背景下，我国农村公共服务供给目标从缩小城乡公共服务水平差距逐渐走向城乡公共服务均等化。

优化城乡义务教育资源配置，通过集团化和学区化推动城乡教育资源共建共享。2012 年农村义务教育学校布局规划要求发挥中心城区和优质学校的辐射带动作用，"鼓励建立学校联盟，探索集团化办学"，提高优质资源覆盖率，进而实现义务教育优质资源的共享共建。2016 年提出要顺应城镇化发展趋势，通过集团化办学、学区化管理等措施，缓解部分学校学生过度集中的状况，合理有序分流学生。

逐步推动农村医疗服务在供给水平和供给制度上实现双并轨。2016 年 1 月，国务院出台《关于整合城乡居民基本医疗保险制度的意见》，提出"六统一"的要求，即统一覆盖范围、统一筹资政策、统一保障待遇、统一医保目录、统一定点管理、统一基金管理。2017 年 4 月，人力资源和社会保障部与财政部联合发布《关于做好 2017 年城镇居民基本医疗保险工作的通知》，要求对持居住证参保并按相同标准缴费的农村转移人口按当地居民相同标准给予补助，力争在 2017 年基本建立城乡统一的居民基本医疗保险制度。2017 年 4 月，国家卫计委联合财政部发布《关于做好 2017 年新型农村合作医疗工作的通知》，不仅要求农村居民的财政补助标准和个人缴费标准与城镇居民一致，同时要求完成城乡居民基本医疗保险制度整合。2018 年，国家医保局、财政部等联合发布《关于做好 2018 年城乡居民基本医疗保险工作的通知》，不再区分城镇居民、农村居民，要求各级财政人均补助标准达到每人每年不低于 490 元；城乡居民医保人均个人缴费标准同步达到每人每年 220 元。这就在制度和资金额度（个人缴费、财政补助）上实现了城乡并轨。

推动城乡社会保障制度一体化。2014 年国务院发布《关于建立统一的城乡居民基本养老保险制度的意见》，开始将新农保和城居保两项制度合并实施。2015 年人社部、财政部发布《关于提高全国城乡居民基本养老保险基础养老金最低标准的通知》，开始将城乡居民基本养老保险基础养老金最低标准提高至每人每月 70 元，并进一步健全了城乡居民参保机制。《中共中央关于制定国民经济和社会发展第十四个五年规划和二〇三五年远景目标的建议》提出，"健全基本养老服务体系，发展普惠型养老服务和互助性养老，支持家庭承担养老功能，培育养老新业态，构建居家社区机构相协调、医养康养相结合的养老服务体系，健全养老服务综合监管制度"。

　　自 2013 年以来，我国农村公共服务进入转型升级阶段，政策展现出系统性与多元化发展趋势。在政策设计上，注重基础设施建设与公共服务资源的城乡均衡配置，旨在实现城乡基本公共服务均等化。尤其是在教育、医疗、养老等关键领域，不断出台相关政策，通过改革创新提升服务效能，优化农村公共服务具体设施布局。这一阶段的政策坚持以农民需求为导向，逐步推进城乡一体化建设和发展，切实提高农村公共服务便利度以及农村公共服务效率，不断推动农村公共服务体系转型升级。

表 9　2013 年至今农村公共服务建设相关国家政策

时间	政策、文件、会议名称	主要内容
2013 年	《中共中央、国务院关于加快发展现代农业　进一步增强农村发展活力的若干意见》	改进农村公共服务机制，积极推进城乡公共资源均衡配置。按照提高水平、完善机制、逐步并轨的要求，大力推动社会事业发展和基础设施建设向农村倾斜，努力缩小城乡差距，加快实现城乡基本公共服务均等化。加强农村基础设施建设。大力发展农村社会事业。有序推进农业转移人口市民化。把推进人口城镇化特别是农民工在城镇落户作为城镇化的重要任务。推进农村生态文明建设。加强农村生态建设、环境保护和综合整治，努力建设美丽乡村
2013 年	《住房和城乡建设部关于印发浙江等地新农村建设经验的通知》	项目安排上，坚持从农民需求出发，循序渐进。根据不同地区、不同阶段经济社会条件以及农民需求的变化，依次确定改造危房和整治环境卫生、完善基本公共服务、发展产业、建设美丽乡村等项目，分类分层分步提出整治目标，逐步推进。以城带乡上，坚持推进基础设施向农村延伸和技术服务下乡。大力推进城乡道路互联互通、供水管网"无缝对接"、污水管网向农村延伸、垃圾统一收运处理、公交一体化运营，推进城乡基本公共服务均等化

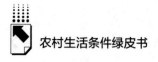

续表

时间	政策、文件、会议名称	主要内容
2013 年	《卫生部关于印发 2013 年全国卫生工作会议文件的通知》	乡村医生是农村公共服务体系和基层卫生队伍重要组成部分,要坚持保障待遇和提升能力相结合,研究解决补偿和养老保障等基本待遇问题,加强培养培训,提高服务能力,健全和巩固基层卫生服务网底
2014 年	《关于全面深化农村改革加快推进农业现代化的若干意见》	推进城乡基本公共服务均等化。开展农村公共服务标准化试点工作。着力创新扶贫开发工作机制,改进对国家扶贫开发工作重点县的考核办法,提高扶贫精准度,抓紧落实扶贫开发重点工作。扩大小城镇对农村基本公共服务供给的有效覆盖,统筹推进农村基层公共服务资源有效整合和设施共建共享,有条件的地方稳步推进农村社区化管理服务
2014 年	《国务院批转发展改革委〈关于 2014 年深化经济体制改革重点任务意见〉的通知》	以农村为重点,以农村社区建设试点工作为重要抓手,统筹推进城乡基层公共资源共建共享和基本公共服务设施建设,建立健全农村公共服务运行维护机制
2014 年	《国务院办公厅关于落实中共中央、国务院关于全面深化农村改革加快推进农业现代化若干意见有关政策措施分工的通知》	关于"开展农村公共服务标准化试点工作"的问题,由财政部、国家标准委会同有关部门负责落实。关于"全面实行流动人口居住证制度,逐步推进居住证持有人享有与居住地居民相同的基本公共服务,保障农民工同工同酬"的问题,由公安部、国家发展改革委会同法制办、财政部、民政部、人力资源社会保障部、住房城乡建设部、教育部、国家卫生计生委、农业部等部门负责落实。关于"扩大小城镇对农村基本公共服务供给的有效覆盖,统筹推进农村基层公共服务资源有效整合和设施共建共享,有条件的地方稳步推进农村社区化管理服务"的问题,由国家发展改革委、民政部会同住房城乡建设部、财政部、科技部、教育部、文化部、卫生计生委、人力资源社会保障部、水利部、交通运输部、农业部、林业局、能源局等部门负责落实

时间	政策、文件、会议名称	主要内容
2014 年	《村卫生室管理办法(试行)》	村卫生室是农村公共服务体系的重要组成部分,是农村医疗卫生服务体系的基础。各地要采取公建民营、政府补助等方式,支持村卫生室房屋建设、设备购置和正常运转
2015 年	《关于加大改革创新力度加快农业现代化建设的若干意见》	提升农村公共服务水平。全面推进农村人居环境整治。完善县域村镇体系规划和村庄规划,强化规划的科学性和约束力。改善农民居住条件,搞好农村公共服务设施配套,推进山水林田路综合治理。继续支持农村环境集中连片整治,加快推进农村河塘综合整治,开展农村垃圾专项整治,加大农村污水处理和改厕力度,加快改善村庄卫生状况
2015 年	《第十二届全国人民代表大会第三次会议关于 2014 年国民经济和社会发展计划执行情况与 2015 年国民经济和社会发展计划的决议》	增强公共服务能力。创新公共服务提供方式,扩大政府购买服务。进一步加强农业农村基础设施建设,全面推进农村人居环境整治,提升农村公共服务水平
2015 年	《国家标准化体系建设发展规划(2016—2020 年)》	加强农村公共服务、农村社会管理、农村生态环境保护和农村人居环境改善等标准的制修订,提高农业农村可持续发展能力,促进城乡经济社会发展一体化新格局的形成
2015 年	《国务院办公厅关于进一步加强乡村医生队伍建设的实施意见》	坚持保基本、强基层、建机制,从我国国情和基本医疗卫生制度长远建设出发,改革乡村医生服务模式和激励机制,落实和完善乡村医生补偿、养老和培养培训政策,加强医疗卫生服务监管,稳定和优化乡村医生队伍,全面提升村级医疗卫生服务水平

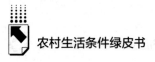

时间	政策、文件、会议名称	主要内容
2016 年	《中共中央、国务院关于落实发展新理念加快农业现代化 实现全面小康目标的若干意见》	提高农村公共服务水平。把社会事业发展的重点放在农村和接纳农业转移人口较多的城镇,加快推动城镇公共服务向农村延伸。加快发展农村学前教育,坚持公办民办并举,扩大农村普惠性学前教育资源。整合城乡居民基本医疗保险制度,适当提高政府补助标准、个人缴费和受益水平。全面实施城乡居民大病保险制度。健全城乡医疗救助制度。完善城乡居民养老保险参保缴费激励约束机制,引导参保人员选择较高档次缴费。改进农村低保申请家庭经济状况核查机制,实现农村低保制度与扶贫开发政策有效衔接。建立健全农村留守儿童和妇女、老人关爱服务体系。建立健全农村困境儿童福利保障和未成年人社会保护制度。积极发展农村社会工作和志愿服务。切实维护农村妇女在财产分配、婚姻生育、政治参与等方面的合法权益。加强农村养老服务体系、残疾人康复和供养托养设施建设。深化农村殡葬改革,依法管理、改进服务。推进农村基层综合公共服务资源优化整合。全面加强农村公共文化服务体系建设,继续实施文化惠民项目
2016 年	《国务院办公厅关于完善支持政策促进农民持续增收的若干意见》	支持农民创业创新。提升休闲农业和乡村旅游发展质量,改善公共服务设施条件。探索建立政府与社会合作共建和政府购买公益服务等机制,放宽农村公共服务机构准入门槛,支持工商资本进入农村生活性服务业
2016 年	《"互联网+"现代农业三年行动实施方案》	建设和完善农村公共服务云平台,面向基层农民开展科技和文化知识远程教育、远程医疗咨询、转移就业、农村养老、医疗保险、农业保险等服务,促进城乡公共服务均等化

续表

时间	政策、文件、会议名称	主要内容
2016 年	《中国银监会办公厅关于做好 2016 年农村金融服务工作的通知》	对涉及加快农村基础设施建设、提高农村公共服务水平、开展农村人居环境整治行动和美丽宜居乡村建设，以及推进农村劳动力转移就业创业和农民工市民化的产业项目，着力予以支持
2017 年	《中共中央、国务院关于深入推进农业供给侧结构性改革　加快培育农业农村发展新动能的若干意见》	提升农村基本公共服务水平。全面落实城乡统一、重在农村的义务教育经费保障机制，加强乡村教师队伍建设。继续提高城乡居民基本医疗保险筹资水平，加快推进城乡居民医保制度整合，推进基本医保全国联网和异地就医结算。加强农村基层卫生人才培养。完善农村低保对象认定办法，科学合理确定农村低保标准。扎实推进农村低保制度与扶贫开发政策有效衔接，做好农村低保兜底工作。完善城乡居民养老保险筹资和保障机制。健全农村留守儿童和妇女、老人、残疾人关爱服务体系
2017 年	《城乡高效配送专项行动计划(2017—2020 年)》	完善农村配送网络。健全以县域物流配送中心、乡(镇)配送节点、村级公共服务点为支撑的农村配送网络，鼓励有条件的地区构建公共配送中心和末端网点直通快捷的农村配送网络
2017 年	《财政部、农业部关于深入推进农业领域政府和社会资本合作的实施意见》	坚持农业供给侧结构性改革方向，深化对 PPP 模式的理解认识，加快观念转变，厘清政府与市场的边界，加大对农业农村公共服务领域推广运用 PPP 模式的政策扶持力度，强化绩效评价和项目监管，严格执行财政 PPP 工作制度规范体系，确保顺利实施、规范运作，防止变相举借政府债务，防范财政金融风险

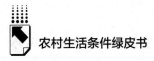

续表

时间	政策、文件、会议名称	主要内容
2018 年	《中共中央、国务院关于实施乡村振兴战略的意见》	城乡基本公共服务均等化水平进一步提高,城乡融合发展体制机制初步建立。繁荣兴盛农村文化,焕发乡风文明新气象。必须坚持物质文明和精神文明一起抓,提升农民精神风貌,培育文明乡风、良好家风、淳朴民风,不断提高乡村社会文明程度。优先发展农村教育事业。高度重视发展农村义务教育,推动建立以城带乡、整体推进、城乡一体、均衡发展的义务教育发展机制。促进农村劳动力转移就业和农民增收。健全覆盖城乡的公共就业服务体系,大规模开展职业技能培训,促进农民工多渠道转移就业,提高就业质量。推动农村基础设施提档升级。继续把基础设施建设重点放在农村,加快农村公路、供水、供气、环保、电网、物流、信息、广播电视等基础设施建设,推动城乡基础设施互联互通。加强农村社会保障体系建设。完善统一的城乡居民基本医疗保险制度和大病保险制度,做好农民重特大疾病救助工作。推进健康乡村建设。强化农村公共卫生服务,加强慢性病综合防控,大力推进农村地区精神卫生、职业病和重大传染病防治。持续改善农村人居环境。实施农村人居环境整治三年行动计划,以农村垃圾、污水治理和村容村貌提升为主攻方向,整合各种资源,强化各种举措,稳步有序推进农村人居环境突出问题治理。必须坚持精准扶贫、精准脱贫,把提高脱贫质量放在首位,既不降低扶贫标准,也不吊高胃口,采取更加有力的举措、更加集中的支持、更加精细的工作,坚决打好精准脱贫这场对全面建成小康社会具有决定性意义的攻坚战

续表

时间	政策、文件、会议名称	主要内容
2018 年	《中华全国供销合作总社关于全面提升基层为农服务质量在实施乡村振兴战略中发挥更大作用的指导意见》	深入推进农村综合服务社提质扩面,按照《农村综合服务社规范》和《农村综合服务社星级划分与评定》标准,加快打造一批建设标准高、服务功能全、群众评价好的星级综合服务社,为农民提供"一门式办理""一站式服务",促进农村公共服务均等化
2019 年	《中共中央、国务院关于坚持农业农村优先发展做好"三农"工作的若干意见》	提升农村公共服务水平。全面提升农村教育、医疗卫生、社会保障、养老、文化体育等公共服务水平,加快推进城乡基本公共服务均等化。推动城乡义务教育一体化发展,深入实施农村义务教育学生营养改善计划。加快标准化村卫生室建设,实施全科医生特岗计划。建立健全统一的城乡居民基本医疗保险制度,同步整合城乡居民大病保险。完善城乡居民基本养老保险待遇确定和基础养老金正常调整机制。统筹城乡社会救助体系,完善最低生活保障制度、优抚安置制度。加快推进农村基层综合性文化服务中心建设。完善农村留守儿童和妇女、老年人关爱服务体系,支持多层次农村养老事业发展,加强和改善农村残疾人服务。推动建立城乡统筹的基本公共服务经费投入机制,完善农村基本公共服务标准
2019 年	《关于深化农村公共基础设施管护体制改革的指导意见》	按照党中央、国务院决策部署,坚持农业农村优先发展总方针,以实施乡村振兴战略为总抓手,以推进城乡融合发展为目标,在全面补齐农村公共基础设施短板的同时,改革创新管护机制,构建适应经济社会发展阶段、符合农业农村特点的农村公共基础设施管护体系,全面提升管护水平和质量,切实增强广大农民群众的获得感、幸福感和安全感

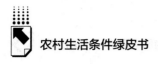
续表

时间	政策、文件、会议名称	主要内容
2020 年	《中共中央、国务院关于抓好"三农"领域重点工作确保如期实现全面小康的意见》	对标全面建成小康社会加快补上农村基础设施和公共服务短板。加大农村公共基础设施建设力度。推动"四好农村路"示范创建提质扩面，启动省域、市域范围内示范创建。提高农村供水保障水平。全面完成农村饮水安全巩固提升工程任务。扎实搞好农村人居环境整治。提高农村教育质量。加强乡镇寄宿制学校建设，统筹乡村小规模学校布局，改善办学条件，提高教学质量。加强农村基层医疗卫生服务。加强农村社会保障。改善乡村公共文化服务。推动基本公共文化服务向乡村延伸，扩大乡村文化惠民工程覆盖面。治理农村生态环境突出问题
2020 年	农业农村部办公厅关于印发《农业农村部 2020 年人才工作要点》的通知	加强农业农村公共服务人才队伍建设。开展农村公共服务体系建设、农村人居环境整治、繁荣发展乡村文化等专题培训，加大各类急需的农村社会事业专业人才队伍建设
2021 年	《中共中央、国务院关于全面推进乡村振兴加快农业农村现代化的意见》	提升农村基本公共服务水平。建立城乡公共资源均衡配置机制，强化农村基本公共服务供给县乡村统筹，逐步实现标准统一、制度并轨。提高农村教育质量。全面推进健康乡村建设。健全统筹城乡的就业政策和服务体系，推动公共就业服务机构向乡村延伸。完善统一的城乡居民基本医疗保险制度。推进城乡低保制度统筹发展，逐步提高特困人员供养服务质量。加强对农村留守儿童和妇女、老年人以及困境儿童的关爱服务

时间	政策、文件、会议名称	主要内容
2021 年	《"十四五"民政事业发展规划》	统筹推进农村民政服务设施和村级综合服务设施建设,促进公共服务资源向农村覆盖,向中西部地区、脱贫地区、民族地区、特殊类型地区等倾斜,推动农村公共服务水平持续提升
2021 年	《"十四五"公共服务规划》	推进县乡村公共服务一体化、均等化,鼓励社会力量兴办农村公益事业
2022 年	《中共中央、国务院关于做好 2022 年全面推进乡村振兴重点工作的意见》	加强基本公共服务县域统筹。加快推进以县城为重要载体的城镇化建设。加强普惠性、基础性、兜底性民生建设,推动基本公共服务供给由注重机构行政区域覆盖向注重常住人口服务覆盖转变。实施新一轮学前教育行动计划,多渠道加快农村普惠性学前教育资源建设,办好特殊教育。扎实推进城乡学校共同体建设。深入推进紧密型县域医疗卫生共同体建设,实施医保按总额付费,加强监督考核,实现结余留用、合理超支分担。推动农村基层定点医疗机构医保信息化建设,强化智能监控全覆盖,加强医疗保障基金监管。落实对特殊困难群体参加城乡居民基本医保的分类资助政策。有条件的地方可提供村卫生室运行经费补助,分类落实村医养老保障、医保等社会保障待遇。提升县级敬老院失能照护能力和乡镇敬老院集中供养水平,鼓励在有条件的村庄开展日间照料、老年食堂等服务。加强乡镇便民服务和社会工作服务,实施村级综合服务设施提升工程。健全分层分类的社会救助体系,切实保障困难农民群众基本生活。健全基层党员、干部关爱联系制度,经常探访空巢老人、留守儿童、残疾人。完善未成年人关爱保护工作网络

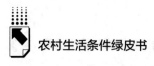

续表

时间	政策、文件、会议名称	主要内容
2022 年	《关于开展特殊困难老年人探访关爱服务的指导意见》	各级农业农村部门负责协同建立农村留守老年人关爱服务工作机制,纳入农业和农村规划重点任务,作为农村公共服务重要方面,推进农村养老提质升级
2023 年	《中共中央、国务院关于做好 2023 年全面推进乡村振兴重点工作的意见》	提升基本公共服务能力。推动基本公共服务资源下沉,着力加强薄弱环节。推进县域内义务教育优质均衡发展,提升农村学校办学水平。落实乡村教师生活补助政策。推进医疗卫生资源县域统筹,加强乡村两级医疗卫生、医疗保障服务能力建设。统筹解决乡村医生薪酬分配和待遇保障问题,推进乡村医生队伍专业化规范化。提高农村传染病防控和应急处置能力。做好农村新冠疫情防控工作,层层压实责任,加强农村老幼病残孕等重点人群医疗保障,最大限度维护好农村居民身体健康和正常生产生活秩序。优化低保审核确认流程,确保符合条件的困难群众"应保尽保"。深化农村社会工作服务。加快乡镇区域养老服务中心建设,推广日间照料、互助养老、探访关爱、老年食堂等养老服务。实施农村妇女素质提升计划,加强农村未成年人保护工作,健全农村残疾人社会保障制度和关爱服务体系,关心关爱精神障碍人员
2023 年	《农民参与乡村建设指南(试行)》	坚持建管并重、长效运行,在深入落实地方政府主导责任、行业主管部门监管责任、运营企业管护责任的同时,发挥村民委员会作用,支持农民参与农村公共基础设施和公共服务设施管护

时间	政策、文件、会议名称	主要内容
2024 年	《中共中央、国务院关于学习运用"千村示范、万村整治"工程经验有力有效推进乡村全面振兴的意见》	完善农村公共服务体系。优化公共教育服务供给,加强寄宿制学校建设,办好必要的乡村小规模学校。实施县域普通高中发展提升行动计划。加强乡镇卫生院和村卫生室服务能力建设,稳步提高乡村医生中具备执业(助理)医师资格的人员比例。持续提升农村传染病防控和应急处置能力。逐步提高县域内医保基金在乡村医疗卫生机构使用的比例,加快将村卫生室纳入医保定点管理。健全农村养老服务体系,因地制宜推进区域性养老服务中心建设,鼓励发展农村老年助餐和互助服务。健全城乡居民基本养老保险"多缴多得、长缴多得"激励机制。加强农村生育支持和婴幼儿照护服务,做好流动儿童、留守儿童、妇女、老年人、残疾人等关心关爱服务。实施产粮大县公共服务能力提升行动
2024 年	《关于加快发展农村养老服务的指导意见》	强化农村基本养老服务供给,补齐农村养老服务短板,着力提高农村养老服务质量水平,更好满足广大农村老年人养老服务需求,为加快推进中国特色养老服务体系成熟定型奠定坚实基础

四　农村人居环境[①]

(一)起步探索阶段(1978~2002年)

1.农村人居环境建设的历史演进

1978~2002 年,我国农村人居环境建设进入起步探索阶段。伴随

---

① 耿兵,中国农业科学院农业环境与可持续发展研究所研究员,主要研究方向为农村人居环境。

着改革开放政策的全面推进，国家逐渐认识到改善农村生活条件对实现社会全面发展的重要性。在这一时期，农村人居环境建设主要体现为基础设施的初步改善和农民生活水平的逐步提高。各地通过推进基础设施建设、农房改造和村庄清洁等措施，初步改善了农村居民的生活条件。然而，总体而言，这一阶段的农村环境建设仍处于较为初级的探索阶段，主要聚焦于政策和发展路径的尝试与实践。

这一阶段的农村人居环境建设面临诸多挑战，包括基础设施相对落后、资金和技术匮乏以及农村居民环境保护意识不足。尽管如此，政府通过推动电力供应、道路建设和饮用水设施等基础设施改善，逐步改变了农村生活的基本面貌。部分经济条件较为优越的地区率先尝试了新型村庄布局和集约化管理的模式，为后续的发展积累了宝贵经验。同时，社会各界的参与也逐渐增强，合作社和农村集体经济在改善基础设施方面发挥了一定作用。这一阶段的探索为后续政策的科学制定提供了重要的数据和经验积累，体现出科学实验和地方适应性的双重作用。

2. 农村人居环境建设的主要政策

在起步探索阶段，政府对于农村人居环境的关注主要集中在居住条件的改善与基础设施的逐步建设上。1986 年，国务院发布了《全国农村卫生规划（1986—2000 年）》，该规划明确要求改善农村基础卫生设施，特别是建立和改造供水、厕所、垃圾处理等基本公共服务设施。主要条文包括提高农村卫生厕所普及率、推广农村改水工程，并在农村地区实施爱国卫生运动，以降低疾病传播率；明确提出改善农村卫生基础设施的目标，并推动清洁能源的使用，如煤气和沼气，以减少对传统柴火的依赖。地方政府在这一时期也积极响应国家号召，推动农村危房改造，并鼓励部分村庄进行集中建设，以实现环境和经济的同步发展。

此外，政府通过制定政策和提供财政支持，激励各地改善农村卫生条件并推进村庄整治工作。例如，一些地方政府试点推动垃圾收集点的建设以及家庭垃圾的集中处理。尽管这些措施在实施过程中面临一定困难，但为后续农村人居环境整治积累了宝贵的实践经验，逐步提高了农民的生活质量和居住舒适度。在这一阶段，政府政策的演变也反映了对系统思维的逐渐采纳，即认识到基础设施、能源使用与居住条件之间的相互关联，这也为后期的政策研究和调整提供了重要的启示。

表 10　1978~2002 年农村人居环境建设相关国家政策

时间	政策、文件、会议名称	主要内容
1978 年	第一次全国农村房屋建设工作会议	规范农民自发建房行为,强调农村房屋建设的规划性和安全性
1981 年	第二次全国农村房屋建设工作会议	从单纯抓农房建设转向综合规划与建设,强调村庄整体规划的重要性
1982 年	《村镇建设用地管理条例》	加强村镇建设用地管理,规范农村建设用地审批和使用,防止乱占耕地现象
1984 年	《中华人民共和国水污染防治法》	首次提出水污染防治的法律依据,规定防治农村生活污水污染的责任,但未明确针对农村地区的具体措施
1989 年	《中华人民共和国环境保护法》	确立环境保护原则,为农村生态环境保护提供法律基础
1993 年	《村庄和集镇规划建设管理条例》	提出加强村容村貌、环境卫生建设,首次将农村生活环境纳入法制化管理轨道
1994 年	《中国 21 世纪议程》	提出可持续发展目标,加强农业与农村环境保护的重要性
1994 年	《村镇规划标准》(GB50188-93)	为村镇规划提供技术标准,指导各地科学编制村镇规划,提升规划质量

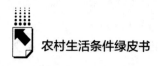

续表

时间	政策、文件、会议名称	主要内容
1996 年	《中华人民共和国国民经济和社会发展"九五"计划和2010 年远景目标纲要》	提出全面推进村庄整治,改善农村基础设施和生活条件,提高农民生活水平
1997 年	全国环保工作座谈会	部署加强农村环境保护工作,提出开展农村环境综合整治试点,试点内容包括生活污水处理,但未大规模推广
1999 年	《国家环境保护总局关于加强农村生态环境保护工作的若干意见》	选取部分地区开展农村生态环境保护试点,积累经验,探索适合全国推广的环境整治模式 明确提出农村生活污水对环境的影响,要求试点推广适合农村特点的污水处理技术,但整体规模仍较小
2000 年	《全国生态环境保护纲要》	提出加强农村生活污水和垃圾的处理工作,但农村污水治理仍以倡导性为主,缺乏强制性政策支持 强调试点农村卫生整治,逐步推动垃圾收集与卫生设施建设
2001 年	《"十五"期间农村卫生厕所改造工作规划》	提出到"十五"末期,进一步提升农村卫生厕所普及率,并推动改厕技术的标准化和规范化
2002 年	《国务院办公厅关于落实中共中央、国务院做好 2002 年农业和农村工作意见有关政策问题的通知》	明确安排财政支持农业基础设施建设,对改善农村生产生活环境给予政策扶持

（二）快速发展阶段（2003~2012年）

1.农村人居环境建设的历史演进

2003~2012 年是我国农村人居环境建设的快速发展阶段。在此阶段，随着新农村建设战略的实施，农村基础设施和公共服务得到了显著改善。政府开始大规模推动农村人居环境改善，特别是在供水、电力和道路建设方面，极大地提升了农村居民的生活质量。这一阶段的显著特征是政府投入的大幅增加，各级政府通过大规模的财政投入和政策扶持，推动农村基础设施建设。村庄整治和基础设施建设，如供电系统、道路硬化、饮水工程等显著提高了农村的宜居性。同时，政府开始倡导村庄集中化建设，推动农民向集中居住区搬迁，从而提高资源利用效率，便于公共服务设施的集中布局管理。在此背景下，农村的生活条件得到了全面提升，农民的居住环境也有了显著改善。

2. 农村人居环境建设的主要政策

这一阶段，政府发布了一系列政策文件，其中，《农村饮水安全工程建设管理办法》重点解决农村饮用水问题，明确规定每个村庄必须在特定时间内完成集中供水设施的建设，以保障饮水安全。村庄整治、农房改造、村内道路硬化等措施大幅提升了农民的生活水平。

2003 年，政府推出了"农村沼气计划"，该计划通过推广沼气池的建设，鼓励农户利用生活废弃物和农业废弃物生产沼气，以改善能源使用结构，减少污染。《全国农村沼气工程建设规划（2006—2010年）》要求各地为符合条件的农村家庭提供财政补贴及技术支持，推动沼气池的使用普及，从而实现资源的循环利用。同时，村庄环境卫生管理被纳入地方政府绩效考核体系，促使各地政府更加重视村庄环境整治。地方政府积极引入社会资金，通过多方合作推动村庄整治项目，进一步改善了村民的生活环境。这一阶段，国家通过政策实验评估，并且通过对比不同地区和不同措施的效果，找到了推动环境治理和居民接受度之间的平衡点，这对于后续政策的调整和优化具有重要参考价值。

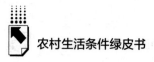

表11　2003~2012年农村人居环境建设相关国家政策

时间	政策、文件、会议名称	主要内容
2003 年	中央农村工作会议	强调解决"三农"问题,提出增加农民收入、提高粮食综合生产能力、深化农村改革等任务
2003 年	《中共中央、国务院关于促进农民增加收入若干政策的意见》	提出多予、少取、放活的方针,强调增加对农业的投入,减轻农民负担,放活农村经济
2005 年	《中共中央、国务院关于进一步加强农村工作提高农业综合生产能力若干政策的意见》	强调建设社会主义新农村,提出改善农村基础设施、提高农民生活水平、加强农村环境保护等措施
2005 年	《关于进一步做好农村饮水安全工程建设工作的通知》	针对农村饮水安全工程建设,提出了统筹规划、合理布局、防治并重、综合治理等原则,强调加强资金管理和部门协作
2006 年	《2005—2006 年农村饮水安全应急工程规划》	该规划旨在解决农村饮水安全问题,改善农村饮水条件
2006 年	《中共中央、国务院关于推进社会主义新农村建设的若干意见》	提出统筹城乡发展,推进农村基础设施建设,改善农村人居环境,发展农村公共事业
2007 年	《全国农村沼气工程建设规划(2006—2010 年)》	解决农民生活用能,改善农村生产生活条件
2007 年	《农村饮水安全工程建设管理办法》	该办法对农村饮水安全项目的建设管理进行了规范,包括项目审批、资金筹措、工程实施和建后管理等方面
2007 年	《中共中央、国务院关于积极发展现代农业扎实推进社会主义新农村建设的若干意见》	强调发展现代农业,推进农村环境综合整治,改善农村生产生活条件

时间	政策、文件、会议名称	主要内容
2008 年	《中共中央、国务院关于切实加强农业基础建设进一步促进农业发展农民增收的若干意见》	提出加强农业基础设施建设,改善农村生态环境,推进农村清洁工程
2009 年	《中共中央、国务院关于2009 年促进农业稳定发展农民持续增收的若干意见》	强调加强农村基础设施建设,改善农村人居环境,推进农村环境连片整治
2009 年	中央农村工作会议	强调加大对农村污水处理设施建设的投入,要求推进生活污水的分类处理和资源化利用,促进农村环境改善
2010 年	《中共中央、国务院关于加大统筹城乡发展力度进一步夯实农业农村发展基础的若干意见》	提出加快农村基础设施建设,改善农村生态环境,推进农村环境综合整治
2011 年	《中共中央、国务院关于加快水利改革发展的决定》	强调加强农村水利基础设施建设,改善农村饮水条件,推进农村环境综合整治
2012 年	《关于农村饮水安全工程建设用地管理有关问题的通知》	该通知明确了农村饮水安全工程建设用地的获取方式和审批程序,强调保障工程建设用地供应,确保工程顺利实施
2012 年	《关于加快推进农业科技创新持续增强农产品供给保障能力的若干意见》	提出加强农业科技创新,改善农村生产生活条件,推进农村环境综合整治
2012 年	中央农村工作会议	总结农业农村发展成就,部署下一阶段工作,强调加快发展现代农业,进一步增强农村发展活力,全面部署当前和今后一个时期的农业农村工作

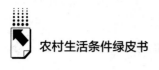

时间	政策、文件、会议名称	主要内容
2013 年	《农村饮水安全工程建设管理办法》	对农村饮水安全工程的职责分工、项目实施、资金管理、建后管理等方面进行了详细规定,旨在进一步加强工程建设管理,确保工程质量

（三）转型升级阶段（2013年至今）

1. 农村人居环境建设的历史演进

自 2013 年以来,农村人居环境建设进入了转型升级阶段。国家提出建设"美丽乡村",并将农村人居环境改善作为全面建成小康社会的重要任务。在这一阶段,农村环境建设更加注重生态环保和可持续发展,通过科学规划和环境整治,进一步提升农村居民的生活质量。

这一阶段强调城乡融合发展,政府不断加大对农村人居环境改善的投入,强调保护传统村落文化和农村生态环境。在"美丽乡村"建设的背景下,农村地区不再仅仅满足于基础设施的建设和完善,而是追求整体环境质量的提升和生态资源的可持续利用。村庄环境整治行动广泛开展,尤其是在垃圾处理、村庄绿化、基础设施智能化建设方面取得了显著成效。同时,农民的环保意识也逐步提高,形成了"政府主导、村民参与"的良好发展模式。

2. 农村人居环境建设的主要政策

在"美丽乡村"建设的指引下,农村人居环境建设更加强调绿色发展。2018 年,《农村人居环境整治三年行动方案》印发,该方案明确提出农村垃圾分类、生活污水无害化处理、村庄绿化等具体措施,重点通过中央财政专项资金支持各地实施环境整治项目,同时规定了各级政府的职责分工，确保整治工作切实落地。2021年，《农村人居环境整治提升五年行动方案（2021—2025年）》提出以农村厕所革命、生活垃圾污水治理和村容村貌提升为重点，完善长效治理机制，推进农村生态环境改善和生态宜居美丽乡村建设。通过中央和地方政府的联合行动，许多村庄的生活环境得到显著改善，环境治理与农民生活需求实现了有效结合。

此外，这一阶段通过科学规划和村民自治相结合的方式，推进村庄环境整治与设施升级；通过财政补贴、社会资本引入以及村民自筹等多种方式，推动农村公共设施的建设与维护；注重保护和传承农村文化遗产，在提升人居环境水平的同时，注重乡村风貌的整体协调，使"望得见山、看得见水、记得住乡愁"逐渐成为现实。

表 12　2013 年至今农村人居环境建设相关国家政策

时间	政策、文件、会议名称	主要内容
2013 年	《中共中央、国务院关于加快发展现代农业　进一步增强农村发展活力的若干意见》	提出"美丽乡村"建设概念，要求推进农村环境综合治理和生态文明建设，改善农村人居环境
2013 年	习近平总书记关于改善农村人居环境的重要指示	强调要认真总结浙江省"千村示范、万村整治"工程的经验并加以推广，全面改善农村生产生活条件
2013 年	全国改善农村人居环境工作会议	部署推进农村人居环境综合整治，强调因地制宜、分类指导，突出重点、统筹协调
2013 年	中央城镇化工作会议	强调推进以人为核心的城镇化，提出改善农村人居环境，推进农村基础设施建设，包括厕所改造
2014 年	《全国生态保护与建设规划（2013—2020 年）》	提出全国生态保护与建设的总体目标和任务，强调加强农村生态环境保护，改善农村人居环境

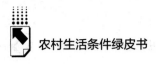

续表

时间	政策、文件、会议名称	主要内容
2014 年	《国家新型城镇化规划（2014—2020 年）》	提出推进城乡基础设施一体化，改善农村人居环境，实施农村改厕工程
2014 年	《国务院办公厅关于改善农村人居环境的指导意见》	明确改善农村人居环境的总体要求和主要任务，提出到 2020 年实现农村垃圾污水治理显著改善，村容村貌焕然一新的目标
2015 年	全国改善农村人居环境工作会议	部署推进农村人居环境整治，强调因地制宜推进农村改厕，提升农民生活质量
2017 年	《中共中央、国务院关于深入推进农业供给侧结构性改革加快培育农业农村发展新动能的若干意见》	提出开展农村人居环境整治行动，包括推进垃圾处理、污水治理、农村改厕及村庄绿化等工作，强化农村基础设施建设
2017 年	习近平总书记对"厕所革命"作出重要指示	强调"厕所革命"是提升农村人居环境的重要抓手，要坚持不懈推进，努力补齐影响群众生活品质的短板
2018 年	《农村人居环境整治三年行动方案》	部署 2018~2020 年农村人居环境整治，重点推进垃圾、污水治理和村容村貌提升，并明确具体整治目标任务
2018 年	《中共中央、国务院关于实施乡村振兴战略的意见》	提出实施乡村振兴战略，改善农村人居环境，建设生态宜居的美丽乡村
2018 年	全国改善农村人居环境工作会议	部署推进农村人居环境整治三年行动，强调顺应广大农民过上美好生活的期待，扎实推进农村人居环境治理各项重点任务
2019 年	《中央农办、农业农村部、自然资源部、国家发展改革委、财政部关于统筹推进村庄规划工作的意见》	强调统筹推进村庄规划工作，科学有序引导村庄规划建设，促进乡村振兴
2019 年	《农村人居环境整治村庄清洁行动方案》	提出农村垃圾清理、沟塘疏浚、农户房前屋后整治等工作，进一步推进农村环境整治工作

续表

时间	政策、文件、会议名称	主要内容
2020 年	《中共中央　国务院关于新时代推进西部大开发形成新格局的指导意见》	提出加快西部地区农村人居环境整治,提升农村基础设施和公共服务水平
2021 年	《中共中央　国务院关于全面推进乡村振兴加快农业农村现代化的意见》	强调全面推进乡村振兴,加快农业农村现代化,持续改善农村人居环境
2021 年	《农村人居环境整治提升五年行动方案（2021—2025年)》	以农村厕所革命,生活垃圾、污水治理和村容村貌提升为重点,完善长效治理机制,推进农村生态环境改善和宜居美丽乡村建设
2021 年	《中共中央、国务院关于全面推进乡村振兴加快农业农村现代化的意见》	强调全面推进乡村振兴,加快农业农村现代化,持续改善农村人居环境
2022 年	《中共中央、国务院关于做好2022 年全面推进乡村振兴重点工作的意见》	部署 2022 年全面推进乡村振兴重点工作,强调持续改善农村人居环境,建设宜居宜业美丽乡村
2022 年	《住房和城乡建设部 6 部门关于进一步加强农村生活垃圾收运处置体系建设管理的通知》	强化垃圾分类与处理设施建设,完善长效运行机制
2023 年	《中共中央、国务院关于做好 2023 年全面推进乡村振兴重点工作的意见》	强调巩固拓展脱贫攻坚成果,全面推进乡村振兴,持续改善农村人居环境
2024 年	《中共中央、国务院关于学习运用"千村示范、万村整治"工程经验　有力有效推进乡村全面振兴的意见》	借鉴浙江"千万工程"经验,重点推进农村垃圾污水治理、村容村貌改善和长效治理机制创新,推动乡村全面振兴

五　农村居民生活①

（一）起步探索阶段（1978~2002年）

改革开放初期，国家政策的重点是从计划经济体制向市场经济体制转变，促进农村劳动力的流动和就业，同时提高农村居民的收入水平。家庭联产承包责任制的实施是这个阶段的重大举措，极大地激发了农民的生产积极性，提高了农业生产效率，为农村居民增收奠定了基础。同时，国家鼓励乡镇企业的发展，促进了农村经济的多元化发展，为农村居民提供了更多的就业机会。另外，国家开始逐步取消对农民进城务工的限制，为农村劳动力向城市转移提供了条件。

表13　1978~2002年农村居民就业增收相关国家政策

时间	政策、文件、会议名称	主要内容
1978年	中国共产党第十一届中央委员会第三次全体会议公报	标志着我国进入改革开放新时期。指出农业是国民经济的基础，必须大力发展农业生产，提高农民收入。要以经济建设为中心，采取多种措施创造就业岗位，扩大城乡就业
1979年	《中共中央关于加快农业发展若干问题的决定(草案)》	提出一系列农业政策和增产措施，旨在提高农业生产水平，从而增加农民的收入。允许农民从事个体工商业，在城镇实行"三结合"就业方针的同时，政府采取发展社队企业和城乡联办企业等办法，为农民提供更多的就业机会。强调了农村教育的普及和提高，提高农民的文化素质和技能水平，增强农民就业能力和竞争力

① 韦文珊，中国农业科学院农业经济与发展研究所副研究员，主要研究方向为农业区域发展；张琳，中国农业科学院农业经济与发展研究所副研究员，主要研究方向为农业经济管理。

时间	政策、文件、会议名称	主要内容
1982 年	《全国农村工作会议纪要》	明确农村实行的各种责任制,包括小段包工定额计酬、专业承包联产计酬、联产到劳、包产到户到组、包干到户到组等都是社会主义集体经济的生产责任制,标志着家庭联产承包责任制正式成为农村基本经济制度,是农村改革的里程碑,极大地调动了农民的生产积极性,解放和发展了农村生产力,使农民获得了生产和分配的自主权
1983 年	《当前农村经济政策的若干问题》	再次强调家庭联产承包责任制的重要性。改革农业经济结构,利用有限的耕地,实行集约经营,并把大量的剩余劳动力,转到多种经营的广阔天地中去
1984 年	《关于 1984 年农村工作的通知》	继续稳定和完善联产承包责任制,延长土地承包期,鼓励农村商品生产
1984 年	《国务院关于农民进入集镇落户问题的通知》	允许进入集镇务工、经商、办服装业的农民自带口粮在城镇落户
1985 年	《关于进一步活跃农村经济的十项政策》	改革农产品统派购制度,促进农村产业结构合理化。国家以一定的财力物力支持粮棉集中产区发展农产品加工业
1985 年	《公安部关于城镇暂住人口管理的暂行规定》	对流动人口实行《暂住证》《寄住证》制度,允许暂住人口在城镇居留
1993 年	《中共中央关于建立社会主义市场经济体制若干问题的决定》	改革劳动制度,逐步形成劳动力市场,鼓励和引导农村剩余劳动力逐步向非农产业转移和地区间有序流动

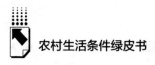

续表

时间	政策、文件、会议名称	主要内容
1994 年	《国家八七扶贫攻坚计划（1994—2000 年）》（国发〔1994〕30 号）	设立到 20 世纪末基本解决 8000 万贫困人口的温饱问题的目标。提出乡村基础设施建设重点：基本解决人畜饮水困难；绝大多数贫困乡镇与有集贸市场、商品产地的地方通公路；绝大多数贫困乡用上电。教育文化卫生工作重点：基本普及初等教育，积极扫除青壮年文盲；开展成人职业技术教育和技术培训，使大多数青壮年劳力掌握一到两门实用技术；改善医疗卫生条件，防治和减少地方病，预防残疾；严格实行计划生育，将人口自然增长率控制在国家规定的范围内
2000 年	《农村就业促进政策高级研讨会会议纪要》（劳农就函〔2000〕1 号）	农民、农业、农村的核心问题之一是就业问题，要开拓多种渠道，采取切实措施，促进农村劳动力开发就业：一是要挖掘农业内部的就业潜力；二是逐步将城市化作为吸纳农村劳动力就业的主渠道，着力发展小城镇，特别是中心集镇；三是乡镇企业仍是吸纳农村劳动力的重要途径，要扩大乡镇企业的就业容量；四是外出进城务工是促进农村就业、增加农民收入的重要渠道，要加强流动就业农村劳动者权益保障工作，将流动就业人员逐步纳入社会保障范围
2000 年	《关于进一步开展农村劳动力开发就业试点工作的通知》（劳社部发〔2000〕15 号）	启动 2000~2003 年农村劳动力开发就业工作试点。①试行城乡统筹就业。选择一些中小城市或县城，逐步建立城乡一体化的劳动力市场。②大力组织转移培训。选择农村富余劳动力数量多、外出务工人员规模较大的地市，开展农村富余劳动力向非农产业转移职业培训。③推进西部开发就业，建立跨省区的劳务协作关系。④鼓励扶持返乡创业。在劳动力输出地区，采取多种措施，鼓励和扶持外出务工人员返乡创业

（二）快速发展阶段（2003~2012年）

在快速发展阶段，随着农村产业结构的转型升级，越来越多的农民从事农业产业化经营，通过种植、养殖、农产品加工等方式参与现代农业生产，获得稳定的工资性收入。此阶段国家政策的重点是进一步促进农村劳动力的转移就业，提高农村居民的就业质量和收入水平，同时加强城乡就业市场的一体化建设，主要措施包括四个方面。①清理和取消对农民进城务工的限制：国家要求各地区认真清理和取消对农民进城务工的不合理限制和乱收费，为农村劳动力转移就业创造了更加宽松的环境。②加强农民工的职业培训：国家提出要加强农民工的职业技能培训，提高其就业能力和竞争力。③强化农民工的社会保障：国家开始逐步完善农民工的社会保障体系，包括工伤保险、医疗保险等，保障其合法权益。④推动城乡就业市场一体化：国家提出要建立统一规范的劳动力市场，完善就业服务体系，促进劳动力在城乡之间有序流动。

表 14　2003~2012 年农村居民就业增收相关国家政策

时间	政策、文件、会议名称	主要内容
2003 年	《国务院关于全面推进农村税费改革试点工作的意见》	集中力量支持粮食主产区发展粮食产业,促进种粮农民增加收入;继续推进农业结构调整,挖掘农业内部增收潜力;发展农村二、三产业,拓宽农民增收渠道;改善农民进城就业环境,增加外出务工收入;加强农村基础设施建设,为农民增收创造条件等
2004 年	《中共中央、国务院关于促进农民增加收入若干政策的意见》	调整农业结构、扩大农民就业、加快科技进步,深化农村改革,增加农业投入,强化对农业支持保护,力争实现农民收入较快增长,尽快扭转城乡居民收入差距不断扩大的趋势

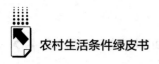

续表

时间	政策、文件、会议名称	主要内容
2004 年	《国务院办公厅关于进一步做好改善农民进城就业环境工作的通知》	清理和取消针对农民进城就业等方面的歧视性规定及不合理限制;开展有组织的劳务输出;完善对农民进城就业的职业介绍服务;加强对农民进城就业的培训工作;解决拖欠农民工工资问题;加强劳动合同管理和劳动保障监察执法
2005 年	《中共中央、国务院关于进一步加强农村工作提高农业综合生产能力若干政策的意见》	坚持"多予少取放活"的方针,稳定、完善和强化各项支农政策;切实加强农业综合生产能力建设,加快农业科技进步,提高农业综合生产能力等
2005 年	《国务院关于 2005 年深化经济体制改革的意见》	加快建设城乡统一的劳动力市场,选择部分城市开展试点工作
2005 年	《国务院关于进一步加强就业再就业工作的通知》	包括税费减免、小额贷款、社保补贴、就业援助、主辅分离、就业服务、职业培训、失业调控、财政投入、社会保障,以及改善农民工就业环境等就业再就业政策
2006 年	《国务院关于解决农民工问题的若干意见》	明确规定了保障农民工合法权益的政策
2006 年	《中共中央、国务院关于推进社会主义新农村建设的若干意见》	2006 年提出"以工业反哺农业、城市支持农村"为基本策略;2008 年提出加快构建强化农业基础的长效机制,走中国特色农业现代化道路等
2006 年	《关于做好被征地农民就业培训和社会保障工作的指导意见》	将被征地农民纳入统一的失业登记制度和城镇就业服务体系,提供就业咨询、就业指导、就业培训、职业介绍等服务

时间	政策、文件、会议名称	主要内容
2008 年	《国务院办公厅关于切实做好当前农民工工作的通知》	采取更加积极的就业政策,广开农民工就业门路;加大对农民工培训的投入,改进培训方式,扩大培训效果;大力支持农民工返乡创业和投身新农村建设;确保农民工工资按时足额发放,努力创造有利于农民工稳定就业的良好环境,维护农民工的劳动保障权益;认真做好返乡农民工的社会保障、公共服务和管理服务工作
2009 年	《国务院关于做好当前经济形势下就业工作的通知》	①最大限度拓展农村劳动力就业渠道:结合社会主义新农村建设,加大农村基础设施建设、农房建设和危房改造力度,大力发展县域经济,调整农业产业结构,扶持农产品精深加工和销售,支持农村中小企业发展,鼓励农民联合创办经济实体,拓展农村劳动力就地就近就业空间。②强化公共就业服务,采取多种措施,促进农民工就业。③实施特别职业培训计划,组织农村应届初高中毕业生劳动预备制培训,加强农村职业教育和农村劳动力就业能力培训,培育一批农村专业人才
2010 年	《关于做好 2010 年农村劳动力转移培训阳光工程实施工作的通知》	继续深入推动培训内容和就业方向的调整,紧密围绕农业和农村服务业、农产品加工业、农村特色非农产业和农民创业开展培训工作,引导农村劳动力就地就近转移就业

（三）转型升级阶段（2013年至今）

2013 年以来,国家全面推动农业现代化和农村经济发展,推进城乡就业市场一体化,促进农村劳动力的高质量就业和增收,主要采取了四个方面的措施。①深化户籍制度改革:加快推进户籍制度改革,打破城乡二元结构,为农村劳动力在城市落户和享受城市居民待遇提供了条件。②加强农村职业教育和技能培训:加大对农村职业教育和

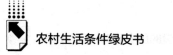

技能培训的投入力度，提高农村居民的职业技能和就业能力。③扶持农村创业和乡村产业发展：鼓励农村居民创业和发展乡村产业，通过创业带动就业和增收。④完善农村社会保障体系：继续完善农村社会保障体系，提高农村居民的社会保障水平和生活质量。

表15　2013年至今农村居民就业增收相关国家政策

时间	政策、文件、会议名称	主要内容
2013年	《中共中央、国务院关于加快发展现代农业进一步增强农村发展活力的若干意见》	提出创新农业生产经营体制,着力构建集约化、专业化、组织化、社会化相结合的新型农业经营体系,进一步解放和发展农村社会生产力,巩固和发展农业农村大好形势
2014年	《中共中央、国务院关于全面深化农村改革加快推进农业现代化的若干意见》	强调全面深化农村改革,加快推进农业现代化,进一步解放和发展农村社会生产力,为全面建成小康社会提供重要支撑
2015年	《深化农村改革综合性实施方案》	聚焦农村集体产权制度、农业经营制度、农业支持保护制度、城乡发展一体化体制机制和农村社会治理制度等五大领域,明确大方向、主要内容和重大方针对策,进一步理清改革思路。在健全城乡发展一体化体制机制中,明确整合城乡居民基本医疗保险制度,完善城乡劳动者平等就业制度
2015年	《中共中央、国务院关于打赢脱贫攻坚战的决定》	实施精准扶贫方略,实施产业扶持、转移就业、易地搬迁、教育支持、医疗救助等措施实现脱贫
2015年	《中共中央、国务院关于落实发展新理念加快农业现代化实现全面小康目标的若干意见》	强调用发展新理念破解"三农"新难题,厚植农业农村发展优势,加大创新驱动力度,推进农业供给侧结构性改革,加快转变农业发展方式,保持农业稳定增长和农民持续增收,走产出高效、产品安全、资源节约、环境友好的农业现代化道路

时间	政策、文件、会议名称	主要内容
2016 年	《"十三五"脱贫攻坚规划》	通过以下措施提升农民的技能和就业能力,促进稳定就业和转移就业,实现农民增收和脱贫:完善劳动者终身职业技能培训制度,开展差异化技能培训;加强对转移就业贫困人口的公共服务,促进稳定就业和转移就业;开展省际劳务协作,推动省内经济发达地区和贫困县开展劳务协作;组织重点群体免费职业培训行动、"春潮行动"和返乡农民工创业培训行动、技能脱贫千校行动
2016 年	《中共中央、国务院关于深入推进农业供给侧结构性改革加快培育农业农村发展新动能的若干意见》	以推进农业供给侧结构性改革为主线,围绕农业增效、农民增收、农村增绿,加强科技创新引领,加快结构调整步伐,加大农村改革力度,提高农业综合效益和竞争力,推动社会主义新农村建设取得新的进展,力争农村全面小康建设迈出更大步伐
2017 年	《中共中央、国务院关于实施乡村振兴战略的意见》	致力于缩小城乡差距,通过发展农村经济、改善农村基础设施和公共服务,提高农民的收入和生活水平,进而推动全社会的共同富裕。加强农村人力资源开发,提升农民就业创业能力,包括加强职业教育和培训、提供就业服务等,以增加农民就业机会,提高其收入水平。同时,也鼓励农民参与乡村产业发展,实现就地就近就业
2018 年	《农业农村部关于大力实施乡村就业创业促进行动的通知》	围绕培育主体促进就业创业,围绕打造园区促进就业创业,围绕发展特色产业促进就业创业,围绕推动产业融合促进就业创业

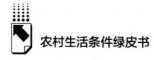
续表

时间	政策、文件、会议名称	主要内容
2018 年	《关于进一步加大就业扶贫政策支持力度着力提高劳务组织化程度的通知》	聚焦解决劳务组织化程度低的问题,努力促进建档立卡贫困劳动力就业创业。大力促进就地就近就业;积极支持创业带动就业;大力开展有组织劳务输出;通过公益性岗位托底安置;大规模开展职业培训;切实加强组织保障,做到政策不断档、服务不断线、后续有衔接
2020 年	《关于应对新冠肺炎疫情影响　扩大农村劳动力就业促进农民增收的通知》	提出疫情冲击下进一步扩大农村劳动力就业的措施:精准对接需求,分类推进农村劳动力就业;精准稳妥推进农村中小微企业复工复产;构建"一站式"综合服务平台,积极引导农村创新创业;大力发展乡村产业,拓宽农业农村就业空间;动员组织农民参与农村人居环境整治;强化农民技能培训;充分发挥农业农村投资对就业的拉动作用;大力扶持贫困户劳动力就业增收
2020 年	《关于发挥国家农村产业融合发展示范园带动作用进一步做好促生产稳就业工作的通知》	充分发挥首批示范园和第二批示范园创建单位带动作用,加快园区项目建设,多措并举吸纳农民工入园就业创业
2020 年	《扩大返乡留乡农民工就地就近就业规模实施方案》	集成政策措施,集聚资源要素,集合公共服务,促进返乡留乡农民工就地就近就业创业。目标任务:回归农业稳定一批、工程项目吸纳一批、创新业态培育一批、扶持创业带动一批、公益岗位安置一批。重点措施:落实就业扶持政策、引导企业扩大岗位、开发更多新型业态、加强基础设施建设、优化就业创业服务、开展职业技能培训

时间	政策、文件、会议名称	主要内容
2021 年	《关于切实加强就业帮扶巩固拓展脱贫攻坚成果助力乡村振兴的指导意见》	帮助有就业意愿的未就业人员实现就业,帮助已就业人员稳定就业,保持脱贫人口就业规模总体稳定。稳定外出务工规模:推进劳务输出,促进稳定就业,强化劳务协作,培树劳务品牌。支持就地就近就业:支持产业发展促进就业,发展就业帮扶车间等就业载体,鼓励返乡入乡创业,扶持多渠道灵活就业,用好乡村公益性岗位。健全就业帮扶长效机制:优化提升就业服务,精准实施技能提升,倾斜支持重点地区
2022 年	《农村公路扩投资稳就业更好服务乡村振兴实施方案》	进一步做好农村公路扩投资稳就业工作。实施"四好农村路"助力乡村振兴五大工程:农村公路骨干路网提档升级工程、农村公路基础路网延伸完善工程、农村公路安全保障能力提升工程、农村公路与产业融合发展工程、农村公路服务水平提升工程。积极吸纳农民群众就地就近就业增收:促进农民群众参与建设、加大农村公路管护岗位开发力度、保障农民工合法权益
2024 年	《有力有效推进乡村全面振兴》	"推进中国式现代化,必须坚持不懈夯实农业基础,推进乡村全面振兴",要"学习运用'千万工程'经验,因地制宜、分类施策、循序渐进、久久为功,找准切入点和突破口,推进乡村全面振兴不断取得实质性进展、阶段性成果。"两个确保":确保国家粮食安全,确保不发生规模性返贫;"三个提升":提升乡村产业发展水平,提升乡村建设水平,提升乡村治理水平;"两个强化":强化科技和改革双轮驱动,强化农民增收举措

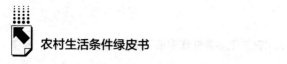

续表

时间	政策、文件、会议名称	主要内容
2024 年	《中共中央 国务院关于实施就业优先战略促进高质量充分就业的意见》	强化宏观调控就业优先导向;增强现代化产业体系就业协同性;支持各类经营主体稳岗扩岗;提升区域协调发展就业承载力;培育就业扩容提质新动能;提高教育供给与人才需求的匹配度;健全终身职业技能培训制度;拓宽技能人才发展通道;拓展高校毕业生等青年就业成才渠道;做好退役军人就业服务保障;完善困难人员就业援助制度;优化自主创业灵活就业保障制度;完善覆盖全民的就业公共服务制度;夯实基层导向的就业公共服务基础;推行数字赋能的就业公共服务模式

Abstract

Improving rural living conditions and enabling rural areas to be basically equipped with modern living conditions are core tasks for comprehensively advancing rural revitalization and building livable, workable, and beautiful villages. The report to the 20th National Congress of the Communist Party of China emphasized the need to effectively organize and implement rural construction actions, particularly accelerating the development of public service facilities in areas such as elderly care, education, and healthcare, improving the completeness of rural infrastructure, convenience of public services, and comfort of the living environment, so that farmers can enjoy modern civilized lives in their local communities.

To scientifically assess the current status and trends of modern living conditions in rural China, the research team for the "Report on Rural Living Conditions in China" systematically elaborated, for the first time, the essential meaning of "rural areas being basically equipped with modern living conditions" based on in-depth research into relevant theories and policy contexts. The team innovatively constructed a comprehensive evaluation index system encompassing four dimensions: infrastructure completeness, public service convenience, living environment comfort, and civilized and affluent living for residents (termed "Three Degrees and One Adequacy"). This system comprises 4 primary indicators, 17 secondary indicators, and 20 tertiary indicators. Using provincial-level data from 2023, the team evaluated the development level of modern rural living

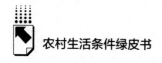
conditions and its four dimensions across 31 provinces (autonomous regions, and municipalities directly under the central government).

Aiming for the target of "rural areas being basically equipped with modern living conditions by 2035," the report deeply analyzes the major challenges currently facing rural living condition development and proposes systematic countermeasures and recommendations. Furthermore, the report provides in-depth analyses of seven representative cases covering:

- Infrastructure upgrading (e. g. , "Post-Supporting Project" in Qiandeng Town, Kunshan, Jiangsu)
- Living environment improvement (e. g. , "Agricultural-Biogas Cycle" in Shangshui, Henan; garbage management in Danling, Sichuan; "Co-governance of Toilet Waste and Greywater" in Tongling, Anhui)
- Innovative elderly care models (e. g. , Mutual Support Elderly Care in Pinggu, Beijing)
- Integrated industrial development (e. g. , Rural Tourism in Mishan, Heilongjiang; "Multi-Plan Integration" in Lichuan, Jiangxi).

These cases offer practical and replicable experiences for different regions.

Keywords: Rural Modern Living Conditions; Rural Infrastructure; Rural Public Services; Rural Living Environment; "Three Degrees and One Adequacy"; Rural Revitalization

Contents

I General Report

Abstract: This report deeply analyzes the theoretical and policy
background of rural living conditions in China, clarifies the essential
meaning of rural areas being basically equipped with modern living conditions,
and establishes a theoretical framework based on four dimensions:
infrastructure completeness, public service convenience, living environment
comfort, and civilized and affluent living for residents. The report points
out that while significant improvements have been made in recent years,
challenges persist, including uneven and insufficient development, large
funding gaps, talent shortages, and insufficient standards and norms.
Recommendations include formulating standards, strengthening top-level
design, promoting urban-rural integration, enhancing task coordination,
improving demonstration mechanisms, and encouraging multi-party

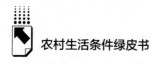

participation to drive continuous improvement in rural living conditions and integrated urban-rural development.

Keywords: Village; "Agriculture, Rural Areas, and Farmers" Issues; Modern Living Conditions; Rural Revitalization

II Evaluation Section

G.2 Evaluation Methodology for Rural Areas Being Basically Equipped with Modern Living Conditions

Chen Jing / 038

Abstract: This report proposes principles for constructing a leading, systematic, scientific, supply-oriented, and operable evaluation index system. It defines the overall evaluation framework centered on "Three Degrees and One Adequacy": infrastructure completeness, public service convenience, living environment comfort, and civilized and affluent living for rural residents. It outlines methods for setting target values for each indicator and measuring the degree of achievement relative to these targets. Evaluation results are categorized as: "Basically Equipped Stage" (90 - 100 points), "Not Yet Equipped Stage" (<90 points), and "Already Equipped Stage" (>100 points).

Keywords: Rural Revitalization; Modern Living Conditions; Evaluation Methodology

G . 3   Evaluation Index System and Measurement Results for
Rural Infrastructure Completeness

Liu Jianyi , Zhang Mingming / 043

Abstract: This report constructs an evaluation index system for rural infrastructure completeness based on five domains: road accessibility, drinking water safety, clean energy, network accessibility, and logistics convenience. It comprehensively measures the development status and regional disparities in China's rural infrastructure across dimensions such as quantity, coverage, quality, and modernization level. Measurement results indicate that the overall level of rural infrastructure modernization in China remains relatively low. No province has reached the "Already Equipped Stage"; only Shanghai, Tianjin, and Beijing are in the "Basically Equipped Stage"; all others are in the "Not Yet Equipped Stage". Performance varies significantly across domains: road accessibility and drinking water safety are relatively better, clean energy levels are lower, and network accessibility and logistics convenience perform the weakest.

Keywords: Rural Infrastructure; Completeness Evaluation; Road Accessibility; Clean Energy

G . 4   Evaluation Index System and Measurement Results for
Rural Public Service Convenience

Zhao Yifu , Chang Ming and Zhou Xiangyang / 059

Abstract: This report constructs an evaluation index system for rural public service convenience based on four domains: education convenience, elderly care convenience, healthcare convenience, and general convenience services. It measures the development patterns and regional disparities using dimensions like distance, coverage, and population served. Results show significant room for improvement in China's rural public services. While Shanghai has achieved modern public service conditions (" Already Equipped Stage"), all other provinces are in the "Not Yet Equipped Stage". By indicator, general convenience services have the highest number of provinces reaching or exceeding the "Basically Equipped Stage" and the highest average score, followed by healthcare convenience; education and elderly care convenience have the lowest average scores. A clear regional gradient exists, with the East significantly higher than the West.

Keywords: Rural Public Services; Educational Equity; Rural Elderly Care; Healthcare; Convenience Services

G.5 Evaluation Index System and Measurement Results for Rural Living Environment Comfort

Geng Bing, Zhu Jie, Liu Liyuan and Gao Yi / 069

Abstract: This study establishes a theoretical framework and evaluation index system (including 4 secondary and 4 key tertiary indicators) for rural living environment comfort based on four aspects: toilet sanitation, garbage management, sewage control, and pleasant environment. After scientifically setting target values, it analyzes the development pattern. Results show that 7 provincial-level regions (22.6%) are in the "Basically Equipped Stage", 24 (77.4%) are in the "Not Yet Equipped Stage", and none are in the "Already Equipped Stage". The development level in the Eastern region is higher than in the Central,

Abstract: The level of civilized and affluent living for rural residents is a direct reflection of modernization progress in the "Three Degrees" and the ultimate goal of rural living condition development. This study focuses on local employment, material affluence, cultural enrichment, and reasonable urban-rural gap, constructing an evaluation system with 4 secondary and 4 tertiary indicators, along with target values. Evaluation using 2023 provincial data shows a national average score of 76.6. Zhejiang province has entered the "Basically Equipped Stage". Eastern residents far exceed others in civilized and affluent living. Material affluence shows the largest regional disparity, while local employment shows the smallest inter-provincial variation. Low economic income and limited cultural life remain key constraints.

Keywords: Local Employment; Material Affluence; Cultural Enrichment; Reasonable Urban-Rural Gap

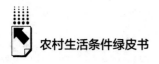

G . 7   Comprehensive Measurement of Development Level for
        Rural China Being Basically Equipped with Modern
        Living Conditions   *Chen Jing*, *Wei Wenshan* / 093

Abstract: This report integrates the "Three Degrees and One
Adequacy" dimensions to build a comprehensive evaluation index system
(4 primary, 17 secondary, 20 tertiary indicators). Measurement results for
31 provincial units show a national average score of 72. 3, placing overall in
the "Not Yet Equipped Stage". Only 2 provinces/municipalities are in the
"Basically Equipped Stage". The Eastern region (85. 0) significantly
outperforms the Central, Western, and Northeastern regions, highlighting
regional disparities. Among the four dimensions, public service convenience
scores the lowest, while living environment comfort scores the highest,
indicating significant dimensional differences.

Keywords: Rural; Living Conditions; Basic Infrastructure; Public
Services; Living Environment

Ⅲ   Case Studies

G . 8   "Post-Supporting Project" Implementation Enhances
        Farmers' Living Conditions: Case Study of Qiandeng
        Town, Kunshan, Jiangsu
                 Han Xiaojing, *He Longjuan and Zhang Chongshang* / 098

Abstract: Responding to the 20th Party Congress report's call for
rural revitalization and improved infrastructure, public services, and living
environment, Qiandeng Town implemented rural housing renovation and a
"Post-Supporting Project". Drawing on the "Thousand Villages

Demonstration, Ten Thousand Villages Renovation " (Qianwan Gongcheng) experience, it achieved significant results. Key practices include enhancing planning guidance, establishing flexible initiation mechanisms, and ensuring solid funding. These offer valuable lessons for similar areas in improving farmers' living conditions and advancing rural revitalization.

Keywords: Rural Construction; Rural Housing Renovation; Post-Supporting Project

G.9 "Agricultural-Biogas Cycle" Supports Modern Rural
Living Conditions: Case Study of Shangshui County
Biogas Project, Henan

Zhang Mingming, Wang Huiqiao / 105

Abstract: Shangshui County's biomethane project utilizes corn stalks to produce clean energy and organic fertilizer, achieving high-value utilization of agricultural waste. Annually processing 200, 000 tons of stalks and producing 18.78 million cubic meters of gas, it promotes standardized collection/storage, tackles stalk burning pollution, and improves village appearance. The biomethane supplements local energy supply, alleviates winter clean energy shortages, and aids the "Gasified Villages" initiative. The project fosters a government-enterprise-farmer consortium, creating a circular model of "waste treatment-clean energy supply-living environment improvement". Recommendations include strengthening policy support for integrated biomethane and agriculture/rural development.

Keywords: Agricultural-Biogas Cycle; Biomethane; Living Environment; Resource Utilization; Urban-Rural Integration

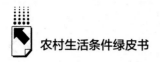

G.10 Rural Mutual Support Elderly Care Model Addresses

Shortcomings: Case Study of Shangzhen Village,

Pinggu, Beijing   *Zhou Xiangyang*, *Chang Ming* / 113

Abstract: Shangzhen Village innovated a "12345 Mutual Support Elderly Care Model". Led by the Party, it integrates village resources, establishing elderly care stations, mutual support points, and four service teams, covering 512 seniors. The core involves younger seniors caring for older seniors, combined with a points system and time bank mechanism to reduce costs. Challenges include lack of professional staff, low villager participation, and time bank operational difficulties. Recommendations focus on awareness campaigns, professional training, multi-stakeholder collaboration, and optimized policy support for sustainability. This model provides a low-cost, highly adaptable solution for rural elderly care.

Keywords: Mutual Support Elderly Care; Rural Elderly Care Shortcomings; Time Bank; Multi-party Participation; Rural Culture and Etiquette

G.11 Rural Household Waste Source Separation, Reduction,

and Utilization Model & Assessment: Case Study of

Danling County, Sichuan

Geng Bing, *Zhu Jie and Liu Liyuan* / 123

Abstract: Danling County implemented a villager autonomy model ("household classification, group cleaning, village collection, county transfer") for waste management. Through open bidding for cleaning posts and a tripartite supervision mechanism, it achieved a 60% waste reduction rate and 93% safe treatment rate. The project integrates fiscal and social funds, improves facility layout, and innovates a "One-Yuan Supervision" mechanism to boost participation. Challenges include unclear classification standards, low resource utilization, and insufficient professional capacity. Recommendations cover education, process optimization, smart equipment introduction, and establishing long-term maintenance mechanisms for integrated urban-rural waste management.

Keywords: Rural Household Waste; Source Separation; Villager Autonomy; Resource Utilization; Living Environment

Abstract: Yaowang Village employs a "Passive Wastewater Resource Recovery System" using soil infiltration to treat toilet blackwater and household greywater, transforming it into resources for courtyard economies. Covering 82 households, it achieves zero wastewater discharge while enhancing soil fertility, promoting kiwifruit cultivation and fish farming, generating over 1 million CNY annually. Operation is funded by subsidies and villager contributions, creating an "wastewater-to-resource, courtyard-boosts-income" eco-cycle. Recommendations include promoting smart management systems, technical training, and exploring paths integrating "toilet/waste governance + industrial revitalization".

Keywords: Co-governance of Toilet Waste & Greywater; Courtyard Economy; Passive Treatment; Resource Utilization; Ecological Cycle

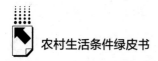

G.13   Integrated Development of "Characteristic Tourism +

Beautiful Villages" Enhances Modern Rural Living:

Case Study of Huyan Village, Mishan, Heilongjiang

He Longjuan, Cai Mengyu / 140

Abstract: Leveraging Xingkai Lake tourism, Huyan Village developed an integrated "homestay + agriculture + culture" model. Guided by planning, it integrated 19.96 million CNY to improve roads, heating, and logistics, attracting Tourong Group to develop a homestay cluster, increasing collective income by 1.4 million CNY/year. An innovative "village-enterprise co-construction" mechanism coordinated infrastructure and industry upgrades, enhancing both the living environment and tourism services. Challenges include funding shortages, shallow industrial integration, and lack of professionals. Recommendations emphasize resource development, distinctive industries, optimized financing models (attracting social capital), and improved village planning/talent policies.

Keywords: Village-Industry Integration; Rural Tourism; Rural Infrastructure; Beautiful Villages; Long-term Operation

G.14   "Multi-Plan Integration" Village Planning Empowers

Rural Revitalization & Living Condition Improvement:

Case Study of Shili Village, Lichuan, Jiangxi

Zhong Bin, Yan Dong / 149

Abstract: Shili Village utilized "Multi-Plan Integration" planning to coordinate industrial, ecological, and construction land use. An innovative model combining mining rights and land use rights attracted a leading bottled water enterprise, projecting annual tax revenue exceeding 100 million CNY. Simultaneously, it developed smart fisheries, passion fruit cultivation, and bamboo/wood processing under the "Xizi Yipin" brand, boosting collective income over 1 million CNY. Planning emphasized villager participation and optimized public services, establishing a "One Old and One Young" center for elderly/childcare. Experience highlights the need for better industry planning, clarified land rights, and deepened villager autonomy. Recommendations promote the "Planning Guidance + Factor Breakthrough" model to drive tertiary industry integration and rural revitalization.

Keywords: Multi-Plan Integration; Village Planning; Factor Breakthrough; Tertiary Industry Integration; Rural Revitalization

皮 书

智库成果出版与传播平台

✤ 皮书定义 ✤

皮书是对中国与世界发展状况和热点问题进行年度监测，以专业的角度、专家的视野和实证研究方法，针对某一领域或区域现状与发展态势展开分析和预测，具备前沿性、原创性、实证性、连续性、时效性等特点的公开出版物，由一系列权威研究报告组成。

✤ 皮书作者 ✤

皮书系列报告作者以国内外一流研究机构、知名高校等重点智库的研究人员为主，多为相关领域一流专家学者，他们的观点代表了当下学界对中国与世界的现实和未来最高水平的解读与分析。

✤ 皮书荣誉 ✤

皮书作为中国社会科学院基础理论研究与应用对策研究融合发展的代表性成果，不仅是哲学社会科学工作者服务中国特色社会主义现代化建设的重要成果，更是助力中国特色新型智库建设、构建中国特色哲学社会科学"三大体系"的重要平台。皮书系列先后被列入"十二五""十三五""十四五"时期国家重点出版物出版专项规划项目；自2013年起，重点皮书被列入中国社会科学院国家哲学社会科学创新工程项目。

皮书网

（网址：www.pishu.cn）

发布皮书研创资讯，传播皮书精彩内容
引领皮书出版潮流，打造皮书服务平台

栏目设置

◆ **关于皮书**
何谓皮书、皮书分类、皮书大事记、
皮书荣誉、皮书出版第一人、皮书编辑部

◆ **最新资讯**
通知公告、新闻动态、媒体聚焦、
网站专题、视频直播、下载专区

◆ **皮书研创**
皮书规范、皮书出版、
皮书研究、研创团队

◆ **皮书评奖评价**
指标体系、皮书评价、皮书评奖

所获荣誉

◆ 2008 年、2011 年、2014 年，皮书网均
在全国新闻出版业网站荣誉评选中获得
"最具商业价值网站"称号；
◆ 2012 年，获得"出版业网站百强"称号。

网库合一

2014 年，皮书网与皮书数据库端口合
一，实现资源共享，搭建智库成果融合创
新平台。

皮书网

"皮书说"
微信公众号

权威报告·连续出版·独家资源

皮书数据库
ANNUAL REPORT(YEARBOOK)
DATABASE

分析解读当下中国发展变迁的高端智库平台

所获荣誉

- 2022年，入选技术赋能"新闻+"推荐案例
- 2020年，入选全国新闻出版深度融合发展创新案例
- 2019年，入选国家新闻出版署数字出版精品遴选推荐计划
- 2016年，入选"十三五"国家重点电子出版物出版规划骨干工程
- 2013年，荣获"中国出版政府奖·网络出版物奖"提名奖

皮书数据库

"社科数托邦"
微信公众号

成为用户

登录网址www.pishu.com.cn访问皮书数据库网站或下载皮书数据库APP，通过手机号码验证或邮箱验证即可成为皮书数据库用户。

用户福利

- 已注册用户购书后可免费获赠100元皮书数据库充值卡。刮开充值卡涂层获取充值密码，登录并进入"会员中心"—"在线充值"—"充值卡充值"，充值成功即可购买和查看数据库内容。
- 用户福利最终解释权归社会科学文献出版社所有。

社会科学文献出版社 皮书系列
SOCIAL SCIENCES ACADEMIC PRESS (CHINA)

卡号：244192448126
密码：

数据库服务热线：010-59367265
数据库服务QQ：2475522410
数据库服务邮箱：database@ssap.cn
图书销售热线：010-59367070/7028
图书服务QQ：1265056568
图书服务邮箱：duzhe@ssap.cn

S 基本子库
UB DATABASE

中国社会发展数据库（下设 12 个专题子库）

紧扣人口、政治、外交、法律、教育、医疗卫生、资源环境等 12 个社会发展领域的前沿和热点，全面整合专业著作、智库报告、学术资讯、调研数据等类型资源，帮助用户追踪中国社会发展动态、研究社会发展战略与政策、了解社会热点问题、分析社会发展趋势。

中国经济发展数据库（下设 12 专题子库）

内容涵盖宏观经济、产业经济、工业经济、农业经济、财政金融、房地产经济、城市经济、商业贸易等 12 个重点经济领域，为把握经济运行态势、洞察经济发展规律、研判经济发展趋势、进行经济调控决策提供参考和依据。

中国行业发展数据库（下设 17 个专题子库）

以中国国民经济行业分类为依据，覆盖金融业、旅游业、交通运输业、能源矿产业、制造业等 100 多个行业，跟踪分析国民经济相关行业市场运行状况和政策导向，汇集行业发展前沿资讯，为投资、从业及各种经济决策提供理论支撑和实践指导。

中国区域发展数据库（下设 4 个专题子库）

对中国特定区域内的经济、社会、文化等领域现状与发展情况进行深度分析和预测，涉及省级行政区、城市群、城市、农村等不同维度，研究层级至县及县以下行政区，为学者研究地方经济社会宏观态势、经验模式、发展案例提供支撑，为地方政府决策提供参考。

中国文化传媒数据库（下设 18 个专题子库）

内容覆盖文化产业、新闻传播、电影娱乐、文学艺术、群众文化、图书情报等 18 个重点研究领域，聚焦文化传媒领域发展前沿、热点话题、行业实践，服务用户的教学科研、文化投资、企业规划等需要。

世界经济与国际关系数据库（下设 6 个专题子库）

整合世界经济、国际政治、世界文化与科技、全球性问题、国际组织与国际法、区域研究 6 大领域研究成果，对世界经济形势、国际形势进行连续性深度分析，对年度热点问题进行专题解读，为研判全球发展趋势提供事实和数据支持。

法律声明

"皮书系列"（含蓝皮书、绿皮书、黄皮书）之品牌由社会科学文献出版社最早使用并持续至今，现已被中国图书行业所熟知。"皮书系列"的相关商标已在国家商标管理部门商标局注册，包括但不限于LOGO（▇）、皮书、Pishu、经济蓝皮书、社会蓝皮书等。"皮书系列"图书的注册商标专用权及封面设计、版式设计的著作权均为社会科学文献出版社所有。未经社会科学文献出版社书面授权许可，任何使用与"皮书系列"图书注册商标、封面设计、版式设计相同或者近似的文字、图形或其组合的行为均系侵权行为。

经作者授权，本书的专有出版权及信息网络传播权等为社会科学文献出版社享有。未经社会科学文献出版社书面授权许可，任何就本书内容的复制、发行或以数字形式进行网络传播的行为均系侵权行为。

社会科学文献出版社将通过法律途径追究上述侵权行为的法律责任，维护自身合法权益。

欢迎社会各界人士对侵犯社会科学文献出版社上述权利的侵权行为进行举报。电话：010-59367121，电子邮箱：fawubu@ssap.cn。

社会科学文献出版社